LE TOGO

1922

AGENCE ÉCONOMIQUE DE L'AFRIQUE OCCIDENTALE FRANÇAISE

27, Boulevard des Italiens

Téléphones : CENTRAL 04.39 et 57.38

LE TOGO

1922

—

AGENCE ÉCONOMIQUE DE L'AFRIQUE OCCIDENTALE FRANÇAISE

27, Boulevard des Italiens

Téléphones : CENTRAL **04.39** et **57.38**

TABLE DES MATIÈRES

CHAPITRE PREMIER

GEOGRAPHIE PHYSIQUE

———

Caractères généraux

Au premier aspect, le Togo apparaît comme étant partagé dans toute sa longueur par une chaîne de montagnes dirigée du Sud-Sud-Ouest au Nord-Nord-Est.

Cette chaîne paraît être un fragment du système montagneux des montagnes schisteuses de la Haute-Guinée, et qui, se formant en Côte d'Or, traverserait le Togo en diagonale et se prolongerait jusque dans la région soudanaise.

En fait, cette chaîne est nettement coupée en deux endroits : au Sud par la Volta, au Nord par le Kérang qui marque la discontinuité de la chaîne ; telle qu'elle se présente à nous, la constitution géologique et physique du Togo est plus complexe et nécessite les divisions suivantes :

§ Ier. — Formation géologique

1° Zone côtière composée de sables et d'alluvions fluviales;

2° Zone de 25 à 30 kilomètres de large, peu accidentée ; terrain mélangé de boues, sables et cailloux de l'âge pléistocène;

3° Pénéplaine, limitée par les premiers contreforts du massif montagneux et composée de terrains anciens : gneiss et roches éruptives (granit, diorit) ;

4° Chaîne montagneuse (Monts du Togo) : zone très nettement marquée à l'Ouest, et s'étendant depuis le massif de l'Agou jusqu'au massif du Temberma, composée de roches d'origines sédimentaires (micaschistes, schistes quartzeux) ;

5° Zone montagneuse plus à l'Ouest, parallèle à la chaîne précédente, comprenant les massifs de Kpandou, Boehm, N'tribou et Bassari ; les terrains sont composés en majeure partie par des moraines de fond, des conglomérats et des grès arkoses ;

6° Bassin de l'Oti et de la Volta se prolongeant jusqu'au pays Moba, formé de schistes et de calcaires ;

7° Pénéplaine appartenant au pays Gourma et formé de roches cristallines.

RELIEF

1° Zone côtière sablonneuse, de très faible hauteur, constituant un « mur de lagune » ;

2° Plateau côtier (hauteur moyenne : 70 à 100 mètres) traversé par l'Aka, le Sio et le Haho ;

3° Monts du Togo : chaîne dont la hauteur varie de 500 à 1.000 mètres, orientée vers le Nord-Nord-Est et que l'on peut diviser en deux parties principales : le massif du Togo proprement dit et le massif du Kara.

A) Le massif du Togo qui comprend :

a) Au Sud : Le massif de l'Agou, composé de quelques chaînons isolés partant de la Volta ; c'est dans cette région que se trouve le pic d'Agou, haut de 1.020 mètres ;

b) Au centre : Le massif des Fétiches, bloc très fermé, aux versants abrupts, notamment dans les parties Est et Sud ; le plateau central est fortement travaillé par l'érosion ; les nombreux accidents de terrain et la richesse du sol font de ce massif une des régions les plus pittoresques du Togo; notamment, la gorge de Kamé ainsi que la chute d'Agomé constituent des points de vue remarquables.

Le massif des Fétiches, ainsi dénommé parce que les dieux et fétiches sont supposés y demeurer, est à vrai dire une chaîne formée au Sud par le massif de l'Awatimé qui se partage en deux chaînons, puis au centre par le large plateau de l'Akposso, très érodé et dont le versant Ouest est très abrupt, et au Nord par le plateau de Fasau de nature très différente et dont le versant Est est en pente très douce et vient aboutir aux agglomérations de Fasau et de Kjiringa ;

c) A l'Ouest, le massif de Büehm (hauteur moyenne de 500 à 800 mètres), constitué par une série de chaînons allant du Sud au Nord ; ce sont les chaînons de Kpandou, Büehm, Barada, Kunja et Tapa.

B) Le massif de la Kara, dont la partie Ouest conserve la nature et l'orientation générale de la chaîne montagneuse, mais dont la partie Est s'en sépare nettement par sa nature propre et par son orientation Ouest-Est.

On peut distinguer trois régions principales :

a) Le massif du Tchaudjo, où la rupture est particulièrement sensible : tandis que la partie Ouest n'est autre chose que la continuation du massif des Fétiches, partant du plateau de

Fasau et conservant une hauteur moyenne de 600 à 800 mètres, la partie Est, formée par les massifs de Koronga et de Sudu-Dako et par des hauteurs isolées, est nettement orientée de l'Ouest à l'Est ; le massif de Koronga, très travaillé par l'érosion et par des effondrements, est séparé par la plaine du Tim du massif de Sudu-Dako ; celui-ci, traversé par de nombreux ruisseaux et sillonné de ravins et de gorges, forme une ligne de partage des eaux assez accusée ;

b) Une partie de la chaîne de l'Atakora, qui se divise en trois massifs : celui de Losso-Tamberma au Nord-Ouest, celui de Kaburé au Centre, celui de Ssiou à l'Est ;

c) Le massif de Barba-Bassari, suite géologique du massif du Büehm, composé de chaînons et de pics isolés;

4° Enfin, à l'Ouest de la chaîne des Monts du Togo, se trouve une large plaine arrosée par la Volta, l'Oti et tous leurs affluents, et qui se poursuit en Côte d'Or dans la région de Salaga. Un seul renflement dans la région de Yendi sépare l'Oti des affluents de la Volta.

Cette plaine conduit sans autre transition jusqu'à la chaîne de Gambaga située au Nord-Ouest du Togo en traversant le pays Moba; elle est orientée de l'Ouest à l'Est et ne dépasse pas 500 mètres de hauteur; son versant Nord, très abrupt, forme une muraille surélévée de 200 à 250 mètres qui domine la vaste plaine du pays Gourma.

HYDROGRAPHIE

Cours d'eau. — Le réseau hydrographique du Togo apparaît très simple à première vue ; de part et d'autre de la chaîne montagneuse, quelques cours d'eau descendent du Nord au Sud, alimentés par des affluents coulant transversalement.

Il est donc possible de distinguer deux grands réseaux séparés par les monts du Togo :

1° Le réseau formé par la Volta et ses affluents ;

2° Une série de fleuves côtiers coulant parallèlement du Nord au Sud et de nature peu différente.

1° La Volta (située aujourd'hui en zone anglaise) est de beaucoup le fleuve le plus important de la région. Son lit est de dimension très variable; il atteint 400 à 500 mètres de largeur dans la région de Kété-Kratchi, puis il se resserre, et à Kpandu il n'a plus que 250 mètres et sa profondeur moyenne est de 1 à 2 mètres.

La Volta est navigable, malgré de nombreux rapides.

Les principaux affluents sur la rive gauche sont :

Le Kulukpéné, situé également dans la zone anglaise; il prend sa source dans la région de Yendi et coule du Nord au Sud jusqu'à ce qu'il se jette dans la Volta; il atteint 160 mètres de large dans la région de Wujaë. Ses nombreux méandres sont traversés et submergés au moment des crues.

L'Oti prend sa source au Dahomey dans le massif de l'Atakora, sous le nom de Pendjari; il coule d'abord vers le Niger dans la direction Nord-Est, puis après deux coudes brusques, prend la direction Sud-Ouest et pénètre dans le Togo, s'étale dans la plaine en de nombreux méandres et finit par se jeter dans la Volta, dans la région de Kété-Kratchi.

Sa largeur, qui ne dépasse pas 100 mètres à son entrée au Togo, atteint 200 mètres près de Sansané-Mango; sa zone d'inondation est considérable bien que les berges soient très élevées; elles atteignent 10 à 15 mètres près de Sansané-Mango et 30 mètres dans la suite; la berge gauche s'élève même à 100 mètres dans la région de Palba.

Malgré les bancs de sable et les rochers qui encombrent son lit, l'Oti est navigable pendant six mois de l'année pour les barques à fond plat jusqu'à Sansané-Mango.

Ses affluents de la rive droite sont peu importants; par contre, l'Oti est alimenté sur sa rive gauche par une série d'affluents, venant des hauteurs, dont le débit est très variable suivant les saisons et dont le lit est fortement travaillé par l'érosion; souvent même ces ruisseaux ou torrents changent de lit d'une année à l'autre, ce qui explique les difficultés de communication.

Les principaux affluents sont les suivants :

Le Koumaga, qui s'appelle d'abord Kerang, prend sa source dans le Dahomey par de nombreux ruisseaux descendant des collines de Birni; il traverse le massif du Ssiou, puis passe entre le massif du Losso et du Tamberma par une gorge étroite, et pénètre enfin dans la vallée de l'Oti où sa largeur atteint 80 mètres;

Le Kara prend également sa source au Dahomey dans la région Djugu-Ssemere; à son entrée au Togo, c'est un torrent infranchissable en temps de crue ; ayant reçu quelques affluents des massifs environnants, il s'élargit de 50 à 200 mètres, puis pénètre dans une gorge étroite entre deux murailles hautes de 20 mètres; plus loin, dans la région d'Adjala, il forme la cascade appelée « Cascade du Forgeron » et débouche enfin dans la plaine.

Les autres affluents de l'Oti sont le Ho qui prend sa source dans le massif du Sudu-Dako, et le Bassa qui descend du plateau du Fasau.

Cercle de Kéouè. — L'Agotimé.

Le dernier affluent notable de la Volta est l'Assuoko (Rivière Rouge) qui descend de l'Adélé.

Ces trois derniers cours d'eau sont remarquables parce qu'ils coulent dans des ravins profonds et resserrés qu'ils ont creusés dans la montagne.

2° *Fleuves côtiers*. — Le Sio et la Haho sont alimentés par de nombreux ruisseaux sortant du plateau de l'Akposso; ils se jettent tous les deux dans le lac Togo après avoir formé un delta; le delta du Haho est enrichi par les eaux du Lili.

Le Mono qui forme la limite avec le Dahomey est plus important, bien que très inégal comme débit; il prend sa source dans le massif du Tchaudjo; à Kpessi, sa largeur est de 80 mètres; il reçoit à sa gauche l'Ogu, venant de la région de Kamina.

Les affluents de la rive droite sont : l'Ana, infranchissable pendant la saison des pluies; l'Amou, qui prend sa source dans l'Akposso; le Chra qui est absolument à sec pendant la période de sécheresse.

Malgré les rapides, le Mono est navigable pendant quelques mois de l'année; pendant la crue, le niveau de l'eau s'élève parfois de 10 mètres.

D'une façon générale, toutes les rivières du Togo ont un débit variable suivant l'époque de l'année; tandis que pendant la saison sèche les rivières ne sont plus alimentées que par les sources et sont à sec pour la plupart; sitôt la saison des pluies revenue, une crue rapide et violente se produit; le niveau des eaux monte très rapidement, les champs et terrains environnants sont submergés et les torrents venant des montagnes déversent leurs alluvions sur tout le cours et même jusqu'à la mer; les lagunes côtières sont, de ce fait, en voie de comblement et d'assèchement.

LAGUNES

Sans avoir la dimension et l'importance de la lagune de Kita, longue de 40 kilomètres et large de 14 et qui est un centre de commerce, les lagunes du Togo sont assez importantes :

1° La lagune de Kétého (lac Togo), située à 600 mètres de la mer derrière Porto-Séguro, a environ 11 kilomètres de long et 5 kilomètres de large; sa profondeur moyenne est de 2 mètres à 2^m50 ; ce lac, alimenté par les eaux du Sio et du Haho, ne contient pas de sel, en contraste avec la lagune de Kita;

2° La lagune de Wo, reliée par un bras de 100 à 600 mètres de large au lac Togo et alimentée en grande partie par celui ci,

Graphique   N° 1

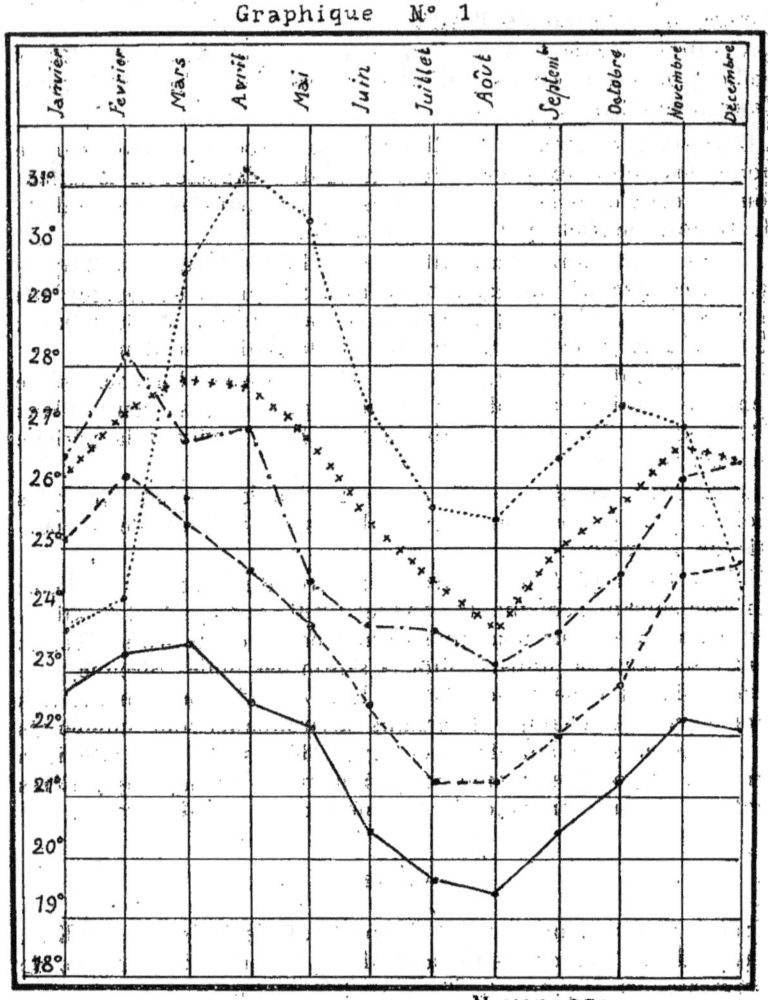

Moyennes :

—————— Amedschové...   21°7
— · — · — Bismarckbourg   23°7
—— · —— · Ho ....   25°4
+ + + + Kpémé ....   26°1
.... Ouagadougou...   26°9

4° *Hygrométrie*. — L'atmosphère est chargée d'une quantité de vapeur d'eau assez abondante, cette quantité étant variable suivant le lieu et suivant l'époque de l'année. Il est à remarquer que ces variations sont plus accentuées dans les régions de l'intérieur que sur la côte.

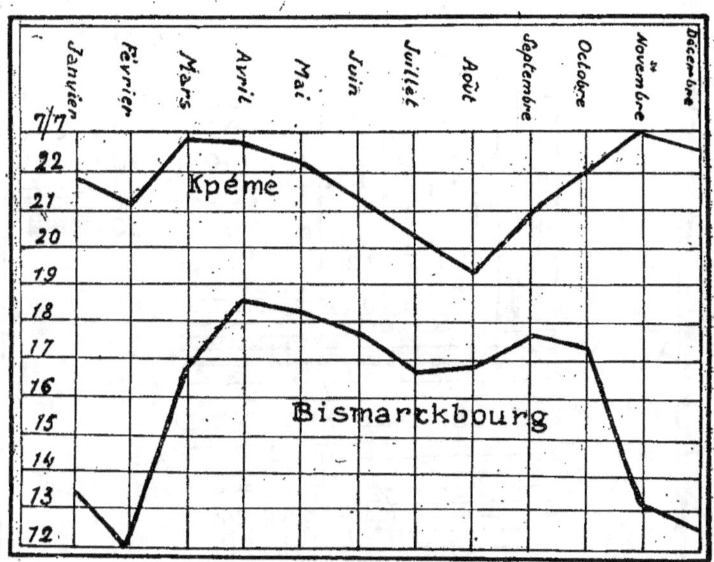

Graphique N° 3

5° *Pluies*. — Une vue rapide de la carte des pluies de la côte d'Afrique permet de constater que la zone côtière (graphique n° 4) est beaucoup plus sèche que les régions limitrophes, aussi bien à l'Ouest qu'à l'Est.

Il faut remarquer également que cette zone est la région la moins arrosée du Togo. La carte suivante (n° 5) montre les différentes zones de pluies; c'est dans la région d'Amedschové et de Palimé qu'il pleut le plus; le nombre de jours de pluies dans l'année dépasse 150 et la quantité d'eau tombée dépasse 2.000 millimètres.

Le graphique n° 6 indique les quantités de pluies moyennes dans les différentes régions du Togo.

En examinant ces quatre courbes, on remarque aussitôt que les deux saisons de pluies sont très nettes pour les deux stations du Sud : Lomé et Palimé, moins sensibles pour Sansané-Mango.

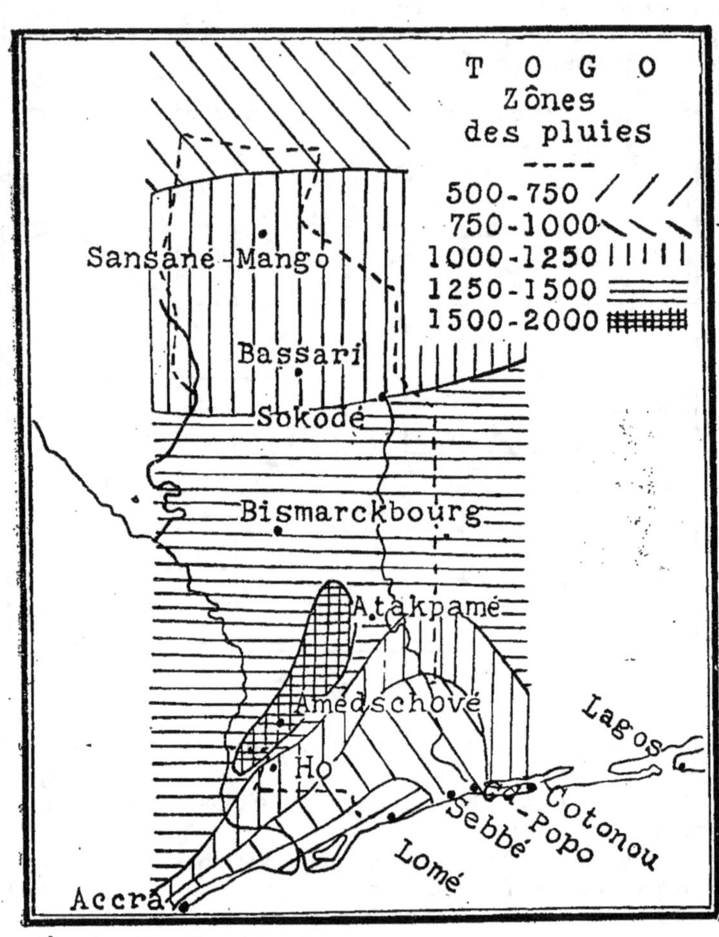

Graphique   N° 5

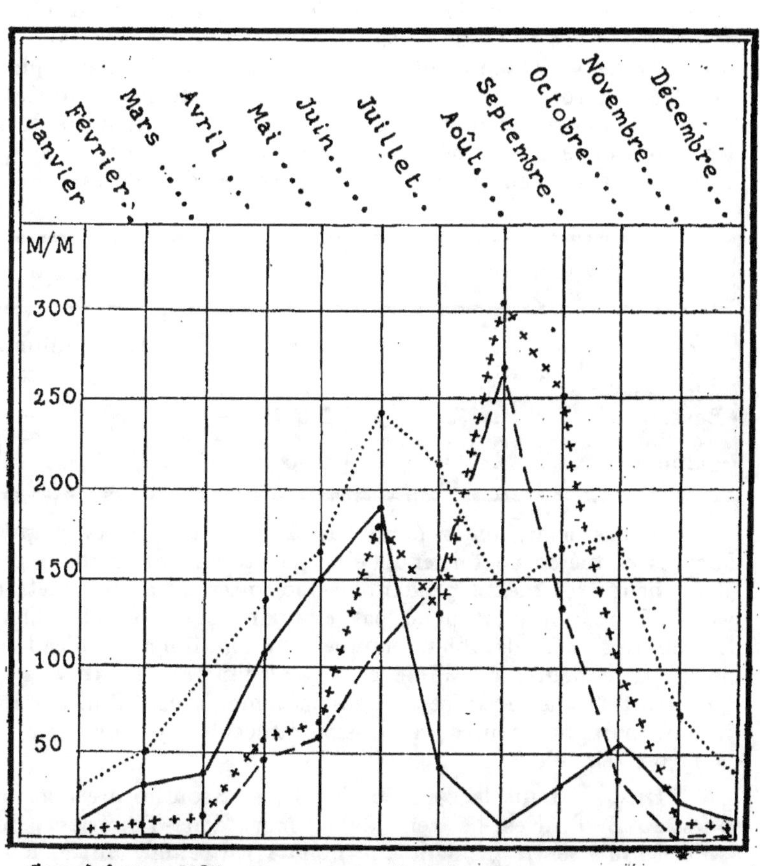

Graphique N°6 ——————— Lomé
.... Klouto-Palimé
+ + + + + Sansané-Mango
— — — — — Ouagadougou
-:-:-:-:-:-:-:-:-

indistinctes pour Ouagadougou où il n'y a plus qu'une seule saison des pluies commençant en septembre.

Il est nécessaire d'ajouter que les courbes de ce graphique représentent des valeurs moyennes, mais non pas normales. Ce fait est sensible notamment pour la deuxième saison des pluies de la région côtière; elle est quelquefois presque nulle, quelquefois plus importante que la première saison. La quantité totale des pluies dans une année varie beaucoup également, ainsi que le prouve le tableau suivant de comparaison des pluies de 1911 et 1912 :

STATIONS	1911	1912
Agou.	1.314 millim.	1.078 millim.
Ho.	1.370 —	910 —
Atakpamé	1.624 —	766 —
Bassari.	1.587 —	905 —
Anécho.	906 —	533 —
Palimé.	1.408 —	1.050 —

Les pluies sont, en général, assez violentes, accompagnées d'orages et même de tornades; elles se prolongent pendant plusieurs heures et même pendant des journées avec des arrêts de peu de durée; il n'est donc pas étonnant que l'on ait obtenu des chiffres considérables comme 145 millimètres d'eau en vingt-quatre heures à Palimé et 165 millimètres à Tafié.

Pendant la durée de ces orages la température diminue fortement, mais, par contre, la pression atmosphérique ne varie pas de façon sensible.

6° *Vents.* — Dans la zone côtière, le vent souffle presque toujours du Sud : c'est le vent de la mer; dans l'intérieur, son action se fait sentir pendant une grande partie de l'année, mais, à partir du mois de décembre, il fait place au vent du Nord, l'harmattan : c'est un vent très violent, chargé de poussières ; il est craint des indigènes, car il amène le froid; ce n'est d'ailleurs qu'une impression, la température restant sensiblement la même (excepté pendant la nuit) et montant même parfois; la véritable cause de cette sensation de froid provient de l'évaporation intense qui se produit alors; l'harmattan, vent venant du désert, et par suite très sec, absorbe l'humidité des corps; tout se dessèche, se recroqueville, aussi bien les organismes vivants que les objets inanimés; l'harmattan serait même la cause de certaines maladies nerveuses chez les indigènes.

CHAPITRE II

RACES — RELIGIONS — MŒURS

§ 1. — Généralités

Le Togo n'a jamais formé et forme encore moins, à l'heure actuelle, un ensemble homogène au triple point de vue : races, religions, mœurs et connaissances. Chaque race a conservé ses dieux, ses habitudes de vivre, et il sera nécessaire, dans l'étude qui va suivre, d'envisager chaque race l'une après l'autre.

D'autre part, l'influence de la civilisation européenne, de plus en plus considérable, se manifeste par degrés et a créé, de ce fait, une nouvelle différence entre les races.

Bref, on peut actuellement envisager quatre zones principales de civilisation :

1° *Zone côtière*, où les habitants, vivant continuellement près des Européens, ont adopté leurs manières de vivre; ce sont pour la plupart des commerçants ou employés, intelligents et instruits, mais ambitieux et orgueilleux, et qui adoptent une recherche parfois exagérée dans leur tenue, leur langage et surtout leur costume;

2° *Zone Sud* : centre de civilisation Ouest-Africaine; en dehors de l'influence européenne, les indigènes de cette région ont su organiser leur vie et leur habitation de façon convenable; leur religion est basée sur une mythologie que des auteurs allemands ont voulu comparer à la mythologie grecque et romaine ; il y a certaines tentatives artistiques et un commencement d'industrie;

3° *Zone centrale* : arrivés dans les pays montagneux, nous trouvons des peuplades qui s'enferment dans les plateaux centraux, profitant des fortifications naturelles; leur activité se borne à la fabrication des armes et à l'édification de véritables forteresses;

4° *Zone Nord* : peuples encore plus arriérés; leur costume est plus que sommaire; les habitations sont de simples huttes d'argile à toît conique.

Enfin, il faut mettre complètement à part les races de religion islamique dont la manière de vivre, la religion, les costumes et les connaissantes sont particuliers ; ce sont pour la plupart des Haoussahs, commerçants nomades disséminés dans tout le Togo.

§ 2. — Races du Togo

1° HISTORIQUE

Les traces les plus anciennes d'habitations sont constituées par les débris de murailles cyclopéennes qui se trouvent dans les régions d'Akposso et de Kebou.

Le pays fut primitivement envahi et occupé par diverses peuplades : les Mandingos à l'Ouest et au Sud-Ouest, les Mossis et les Gourmas au Nord, et les Dahoméens à l'Est.

Les Européens commencèrent à visiter la côte dès le xvᵉ siècle; c'étaient pour la plupart des chasseurs d'esclaves de nationalité portugaise, hollandaise, anglaise, danoise et française.

Dans l'intérieur, les royaumes se forment peu à peu, chacun essayant d'établir son autorité directe ou tout au moins sa suzeraineté; parmi les plus connus, on peut citer : le royaume de Gonja ou de Ngbanjié, fondé par les Mandingos au xvıᵉ siècle; le royaume Aschanti, qui fut continuellement en guerre pour assurer le ravitaillement d'esclaves aux Européens leur apportant des armes et de l'alcool; le royaume de Tschokossi, dont la capitale était à Sansané-Mango et dont l'organisation rappelle celle du royaume Mandingo; enfin le royaume Dagbamba, fondé par les Mossis et les Gourmas et dont la capitale était à Yendi.

La race Ehoué était répandue dans toute la région du Sud; il y avait deux centres principaux, l'un se trouvant à Notsié (Nuatjä), l'autre dans l'Adélé; c'est de ce dernier centre que sont partis les Anglo, les Be et les Fons; ceux-ci se fixèrent à Wla et ils fondèrent plus tard le royaume du Dahomey. Les Anglo et les Be vinrent s'établir sur la côte dans la région de Kita.

Plus tard, à la suite de discussions entre chefs (chose fréquente dans les royaumes noirs), une partie des peuplades installées à Notsié se fixa sur la côte du Togo actuel, entre la Volta et le Mono.

Toutes ces peuplades ne s'amalgamèrent pas malgré leur similitude de race, et aucun Etat du Togo ne fut jamais fondé.

Pendant ce temps, le royaume du Dahomey, fondé en 1625 par le chef Agokoli, se livrait à la traite et au commerce des esclaves, la Compagnie des Indes occidentales ayant établi un comptoir à Juda (Ouidah).

Dans la région centrale, le royaume du Tschaoudjo, ayant pour centres Paratau, Bo et Fasau, formait un Etat fermé et fortifié très puissant.

Femme indigène en tenue d'apparat.

2° RACES ACTUELLES — LANGAGES — TYPES

Comme dans les chapitres précédents, on peut distinguer trois zones principales :

A) *Zone Sud :*

a) Sur la côte, les Ehoués qui couvrent une zone qui s'étend jusqu'à Kpandou et au delà de Nuatjä. Le centre principal serait à Ho (zone anglaise). La langue Ehoué a été étudiée à fond par les missionnaires allemands qui ont rédigé un dictionnaire de 28.000 mots, des grammaires et des livres scolaires;

b) Dans le bassin formé par la Volta et par ses affluents, on trouve surtout les peuples suivants : les Tschi ou Aschanti (dont la langue existe encore actuellement), les Guang et Ngbandje;

c) Le bassin du Mono est habité par les Fons, qui font partie de la souche Ehoué établie au Dahomey.

B) *Zone centrale :*

Dans cette zone se trouvent les peuplades de l'Akposso et de l'Akébou dont les langages diffèrent peu, et ceux de l'Adélé. Le groupe de N'tribou est de langue Tim.

C) *Zone du Nord :*

Cette zone peut être divisée en deux parties : le groupement des pays montagneux de l'Est et le groupement de plaines de l'Ouest, bien différents l'un de l'autre.

a) Dans l'Est, chaque peuplade habite un massif; en partant du Sud, nous trouvons le groupe formé par les gens de Bô, Fasau et de Tschaoudjo, puis le groupe de Bassari (Tschamba), puis le groupe formé par les Kongkomba (ou Kokpunkpaong), enfin le groupe de Losso, Kaburé et Difalé. Ces quatre groupes sont d'ailleurs apparentés, étant de là race Bariba et parlant la langue Tim.

Trois autres groupes, de race Barba, se trouvent plus au Nord : ce sont les habitants de Tamberma, Namba et Natiaba.

b) Dans les plaines de l'Ouest, on peut trouver le groupe Noba de langue Tim, les Gourmas, puis les groupes des Dagombas, Nanombas et les Baoulés de la race Dagbanne-Mossi.

Enfin, il ne reste plus à examiner que deux races bien à part, mais sans résidence fixe et sans groupement : ce sont les Foulbé et les Haoussahs. Les Foulbés sont des bergers nomades, disséminés dans toute la région Nord, qui vont de pâturage en pâturage, promenant leurs troupeaux. Les Haoussahs, de religion islamique, dont le costume, la tenue et l'aspect physique sont très différents, sont des voyageurs commerçants qui circulent depuis le Soudan jusque sur la côte.

Les langages principaux parlés actuellement sont la langue Ehoué dans le Sud dont il a été parlé ci-dessus, la langue Tschi et Aschanti à l'Ouest et le Bariba au Nord-Est, le Mossi et le Gourma au Nord.

Parmi les langues mortes, il est à signaler la langue Ehébeso (appelée également langue d'Agou) ou bien langue des fétiches, dont les prêtres se servent encore actuellement.

Il serait difficile d'établir des types physiques bien définis. On a voulu pourtant distinguer deux types principaux : il y aurait le nègre couleur brun foncé, gras et de grandeur moyenne, au nez large et épaté, aux lèvres épaisses, et puissamment musclé. Le second type serait peu différent du type éthiopien, long et maigre, aux membres allongés. Cependant ces deux types sont croisés à l'infini et l'on trouve tous les intermédiaires.

Le plus beau type du Togo est sans contredit le Kaburé, dont le corps, généralement bien proportionné, révèle une vigueur peu ordinaire; son costume est des plus simples, mais il y a suppléé par de nombreux tatouages et incisions aux formes variées. Les Kaburés sont généralement dociles, mais d'intelligence bornée.

La race est le plus souvent indiquée par les tatouages des individus; les Ehoués (surtout les femmes), sont marqués de trois petites coupures disposées en éventail sur les joues.

En dehors de ce signe, les tatouages sont des ornements très appréciés, notamment dans la région de l'Adélé, de Kébou et des Konkombas.

§ 3. — Religion

Avant l'arrivée des Européens, les populations du Togo étaient pour la plupart des fétichistes, l'islamisme étant limité à certaines régions du Nord (Tschaudjo, Tchokossi, Dagomba, Nanomba, etc.).

Ces fétichistes étaient loin d'avoir une religion commune; chaque région avait et possède encore ses dieux et son culte particuliers; ce qui est défendu à Lomé ne l'est pas à Anécho et inversement. On peut cependant citer quelques divinités reconnues et adorés dans toutes les régions; la nomenclature de ces dieux et leur histoire forme toute une mythologie, et les Allemands ont voulu voir dans cette mythologie une analogie constante avec les mythologies grecque et romaine; ce n'est d'ailleurs qu'une série de rapprochements plus ou moins justifiés, et comme ce genre d'études est particulièrement en faveur chez les historiens allemands, il n'y a pas lieu de partager cette manière de voir et de rechercher des points de comparaison toujours possibles.

Au-dessus de toutes les divinités, se trouve Mahou qui représente

Atakpamé. — Chefs de tribus Charagassou.

Chef de la région des Cotocolis.

le ciel, le repos, le bonheur et la bonté; on l'a naturellement comparé à Jupiter et à Zéus; les autres divinités principales sont : Sogblé, dieu de la guerre et des travaux pénibles; Sodza, déesse de la lune, personnifiée par la pluie; Sowlui, personnage au caractère instable, tantôt bienfaisant, tantôt malfaisant, comparé à Mercure.

En dehors de ces divinités du ciel, il y a sur la terre des demi-dieux, qui transmettent les offrandes et demandes des hommes; ce sont les éléments et les forces de la nature : l'air, le vent, l'orage, la foudre, la tempête, les sources, les cascades, etc.

Les dieux errants sont supposés habiter un peu partout dans la nature : dans les huttes, aux coins des chemins, dans les arbres, etc.

Ces dieux, bien connus sous le nom de fétiches, dominent toute la vie des indigènes, par l'intermédiaire des prêtres fétichistes; leur volonté tyrannique s'exerce sur tous; ce sont eux qui créent les maladies, et qui jettent le mauvais esprit; aussi, ils sont craints et on leur prodigue les offrandes, cadeaux, et même les sacrifices, pour apaiser leur colère et leur ressentiment.

Certains animaux sont sacrés et considérés comme fétiches : les serpents, les crocodiles, les pigeons, les lapins, etc. Chaque famille possède un animal fétiche désigné par le sort et qui ne peut être mangé sans danger de mort immédiate, mais peut servir pour les sacrifices.

Les prêtres se disent désignés par le ciel; ils sont habillés aux couleurs de leur Dieu (blanc ou rouge); quand un prêtre meurt, un autre habitant se sent pris de convulsions, de transes et devient prêtre. Dans d'autres régions, la dignité de prêtre reste dans la famille et se transmet héréditairement.

Si la pratique du culte fétichiste diminue de façon sensible, grâce à la propagande européenne, les superstitions persistent, même dans les familles civilisées et instruites, et bien des indigènes, devenus chrétiens convaincus, conservent toujours la peur et le respect du fétiche.

§ 4. — La vie des indigènes

1° ORGANISATION POLITIQUE ET SOCIALE

Chaque groupement, village ou ville, est dirigé par un Chef ou par un Roi, assisté du Conseil des « Anciens des Familles ».

Les prêtres fétichistes ont de leur côté indirectement une grande autorité qui porte parfois préjudice à celle du chef, notamment dans les régions Sud.

Les chefs et rois ont entre eux des liens de vassalité et de suzeraineté; c'est l'organisation féodale qui fonctionne en temps de paix aussi bien qu'en temps de guerre. En dehors de ces liens directs, certains chefs déclarent alliance entre eux, le plus souvent au cours d'une lutte contre un ennemi commun, ou par suite de mariage.

Les rois et chefs reçoivent des indemnités en argent ou en nature; aujourd'hui ce sont des intermédiaires responsables entre l'autorité gouvernementale et les indigènes.

Dans l'ancienne organisation sociale, on pouvait distinguer trois classes :

a) Les hommes libres, parmi lesquels sont les nobles et les dirigeants;

b) Une classe intermédiaire composée de gens venus d'une autre tribu et qui acceptent la domination, les obligations (impôts, etc.) de la tribu où ils se fixent;

c) Les esclaves qui étaient, soit d'anciens prisonniers de guerre, soit des véritables esclaves faisant l'objet de commerce; en effet, certaines peuplades pauvres, notamment les Kaburés, vendent leurs enfants.

2° GROUPEMENTS DE POPULATION — HABITATIONS

Les groupements diffèrent suivant les régions et suivant les races; les villages sont généralement groupés plus ou moins symétriquement autour d'une place ombragée par quelques arbres servant pour les marchés, danses et séances de justice.

Quelquefois, dans les petits villages, les huttes forment un ensemble entouré par des barrières de palmiers et de cactus et dont l'abord est difficile.

Les groupements sont d'importance très variable. Ce ne sont parfois que des huttes isolées habitées par des paysans au milieu des champs ou par des chasseurs dans la brousse; ce sont aussi des hameaux constitués par quelques fermes ou par quelques habitations de pêcheurs; puis les villages deviennent plus importants; quelques-uns sont le siège de marchés qui attirent sur les lieux une population temporaire considérable ; d'autres sont des capitales de groupements et constituent un centre commercial et religieux. Enfin, il y a les grandes capitales de races, véritables villes, telles que Yendi, Sansané-Mango, Bafilo, Paratou qui ont joué un certain rôle dans l'histoire.

En dehors de ces groupements, il y a aussi les endroits de pèlerinages où habite un prêtre ou une prêtresse fétichiste.

Les habitations, examinées en elles-mêmes, sont de deux types principaux : la maison ronde à toit conique et la maison rectangulaire à toit à pignon.

La maison ronde à toit conique est haute de $1^m,50$ environ, le toit atteignant de 3 à 5 mètres de hauteur ; son diamètre est de 4 à 5 mètres. L'entrée est une ouverture de 1 mètre pratiquée dans le mur, le seuil étant surhaussé, la porte est faite en bambous ou en herbes tressées. Dans le Tschaudjo, le toit dépasse de beaucoup les murs et ses bords sont soutenus par des poteaux. Dans le Kaburé, il y a une espèce d'antichambre devant le bâtiment. Il est à signaler que chez les musulmans les maisons des chefs sont reconnaissables par un œuf d'autruche placé à leur faîte.

Le deuxième type, la maison rectangulaire à toit à pignon, est couramment adoptée chez les Ehoués et les Aschantis; elle est longue de 3 à 5 mètres et large de 2 à 3 mètres ; le toit, constitué par des perches recouvertes de chaume, est en forme de pyramide chez les Aschantis. Le seuil de la porte est toujours surélevé.

En dehors de ces habitations, il reste à examiner un bâtiment spécial à la région de Tamberma; c'est plutôt une forteresse qu'une maison; la porte d'entrée est flanquée de deux tours ou bien elle est pratiquée dans la tour elle-même; puis il y a une deuxième porte menant à une cour intérieure où l'on massait le bétail autrefois pendant les guerres; les tours ont deux étages; on accède à l'étage supérieur par des marches pratiquées dans la muraille; cet étage seul est habité et est meublé sommairement d'une pierre servant de table et de nattes; un parapet circulaire haut de 1^m50 relie les deux étages des tours.

Cette construction, utile autrefois, se perpétue par l'habitude.

Dans la région côtière, les indigènes aisés, commerçants et planteurs, ont adopté la maison européenne à étages avec une vérandah circulaire.

3° LA VIE COURANTE

Les habitations vues précédemment contiennent généralement deux pièces; l'une sert de chambre à coucher et de salle à manger en cas de pluie, l'autre, plus petite, sert à l'indigène pour le métier qu'il exerce; il y dépose ses outils, son attirail et y place également les aliments et l'eau qu'il tient en réserve.

Le mobilier est sommaire : des nattes servant de lit (les femmes utilisent quelquefois une espèce de traversin placé sous la nuque afin de protéger la coiffure); peu de sièges, ce sont des petits bancs ou sièges creusés et taillés dans une seule pièce. Comme accessoires, on trouve des sacs en paille ou en cuir, des jarres de terre et des calebasses de tailles et formes variables servant à contenir les aliments, solides et liquides, ainsi que l'eau.

La cuisine se fait au dehors sur un foyer composé par trois pierres alimenté par des herbes et du bois sec.

La nourriture des indigènes est composée presque uniquement de *végétaux* et de *poisson*, qui est pêché sur la côte et dans les lagunes, séché au soleil et conservé. Le poisson est remplacé par la viande dans les régions du Nord.

Le maïs est l'élément indispensable, servant de pain, et vendu sous la forme de boules légèrement cuites et entourées de feuilles connues sous le nom d'Akassa. Le maïs se mange également sous forme de bouillie et de gâteaux frits dans l'huile de palme.

Le manioc et le riz sont également très estimés.

L'igname, dont le goût rappelle celui de la pomme de terre, se mange frit à l'huile ou cuit sous la cendre; c'est presque le mets national et sa récolte est marquée par des fêtes et des réjouissances générales.

Parmi les plats préparés, le plus caractéristique est un ragoût de légumes et de poisson, cuit lentement et fortement épicé avec des herbes, des piments et du gombo.

Les fruits les plus courants sont : les papayes, ananas, bananes, oranges vertes, citrons, cocos, etc.

La viande des animaux domestiques se consomme également; on trouve du bœuf, de la chèvre, du mouton et du porc; la volaille se trouve aussi sur les marchés. La viande étant plus chère, n'est pas toujours accessible. (Les œufs ne sont pas appréciés, sauf à la coque, cuits et durs.)

Les boissons les plus courantes sont : le vin de palme et la bière de maïs ou de mil, ou simplement l'eau; les eaux-de-vie sont toujours estimées et leur consommation est assez forte.

Pour prendre leurs repas, les indigènes se groupent autour du plat et se servent à même le plat; les femmes mangent à part.

Beaucoup d'indigènes ne travaillent pas, leur existence étant assurée par le travail de leurs femmes qui vont au marché, vendent du bois, des fruits ou des aliments cuits; aussi, en dehors des repas, ils passent leur temps à causer, dormir sur leurs nattes ou bien à jouer; parmi leurs jeux préférés, il y a celui des godets creusés dans une planche, et celui des cauris qui rappelle le jeu de dés.

Les indigènes préfèrent encore la musique et la danse; les « tam-tams » sont très suivis et les spectateurs, devenant acteurs, se livrent à cette danse incompréhensible pour l'Européen qui ne peut saisir le rythme et l'accord entre la musique et la danse; cet accord est cependant réel, et l'on peut voir dans les grandes réunions des centaines de chanteurs (hommes et femmes), assis en cercle, accompagner avec un parfait ensemble, sous la direction de deux ou trois chefs, la danse forcenée de deux ou trois individus excités par le roulement ininterrompu et scandé de quelques tambours; les danses prennent parfois le caractère de quadrilles.

Ces tambours sont de dimensions et de sons différents suivant leur utilisation; quelques-uns sont des tambours de guerre, d'autres sont réservés aux danses, d'autres servent pour les convocations et les appels ou pour annoncer le décès d'un chef.

Parmi les instruments de musique employés par les indigènes, on peut citer la guitare composée essentiellement d'un bâton traversant une calebasse; sur celle-ci est tendue une peau le tout formant caisse de résonnance.

Les indigènes se servent d'ailleurs maintenant de tous les instruments à bon marché qui leur ont été fournis par l'industrie allemande (guitares, flûtes, harmonicas, etc.) et dont l'usage se répand peu à peu dans l'intérieur.

4° INDUSTRIE — COMMERCE — MÉTIERS

Cependant, pour s'assurer un certain bien-être, les indigènes ont dû travailler et créer un commencement d'industrie.

- Les métiers sont généralement réservés à certaines familles, se transmettant de père en fils; d'autres métiers sont réservés à certaines races; c'est ainsi que les bouchers sont tous des Haoussahs (sauf pour la viande de porc qu'ils ne doivent pas toucher, en bons mahométans).

La poterie est pratiquée couramment, l'argile étant très abondante; les pots sont tous à peu près de la même forme; ils sont cuits à moitié, frottés de cendre ou de suie, recuits et quelquefois colorés en noir.

La même argile sert parfois à la fabrication de statuettes ou figurines qui sont le plus souvent considérées comme fétiches.

L'abondance d'herbes et de fibres de toutes sortes a poussé l'indigène à les tresser et beaucoup d'indigènes pratiquent la vannerie pour leur propre compte ou pour le commerce.

Le bois est travaillé assez peu et grossièrement; les ouvrages les plus caractéristiques sont les bancs, dont il a été parlé plus haut, et dont l'ornementation est poussée très loin pour les sièges de chefs et de rois.

On confectionne également des petits articles, des peignes, des statuettes; celles-ci constituent un des rares éléments artistiques à trouver au Togo; le modelé en est généralement caricatural; les membres sont anguleux et non proportionnés, les bras étant toujours plus longs que les jambes.

L'ivoire, rare au Togo et importé des pays limithropes, est travaillé presque uniquement dans les régions de Kpandou et d'Anécho; on en fait surtout des objets de parures et de petits accessoires pour l'usage européen.

Il y a un commencement d'industrie alimentaire : le sel est traité dans la région de Kita; les boissons, vin de palme et bière de mil, nécessitent du travail pour leur récolte ou leur préparation; le tapioca et la farine de manioc demandent une traite spéciale.

Le travail du cuir n'est effectué que par les Haoussahs qui confectionnent des sandales en cuir rouge ou des « samaras » avec courroie.

Le coton est travaillé par les indigènes; les femmes filent, les hommes tissent avec des métiers rudimentaires; les étoffes sont généralement teintes en bleu indigo (symbole de l'éternité), en rouge et en noir.

L'industrie du fer, plus développée autrefois qu'elle ne l'est aujourd'hui, est concentrée dans la région de Banjeli où se trouve le minerai; le minerai est placé dans de grands fourneaux en terre qui sont chauffés pendant cinq à six jours et donnent 25 à 3o kilos de métal; ce métal est travaillé à la forge; l'enclume étant constituée par deux pierres. (Les soufflets de forge seraient peu différents de ceux figurés sur les fresques égyptiennes.)

L'or et l'argent sont également travaillés par les indigènes qui fabriquent des parures très estimées.

Tous les objets fabriqués se vendent le plus souvent sur les marchés ayant lieu une et deux fois par semaine dans les centres; la monnaie d'échange consiste en cauris, petits coquillages blancs; cependant, la monnaie métallique tend à s'établir et son usage est courant dans toute la région Sud.

Ces marchés, qui attirent sur place un grand nombre de vendeurs et d'acheteurs, sont très animés et chaque vente donne lieu à une discussion interminable où les deux parties s'adressent tous les compliments et toutes les injures possibles avant d'arriver à un accord.

A côté des produits alimentaires d'usage journalier et des objets fabriqués, se vendent les produits coloniaux constituant soit des réserves alimentaires pour l'usage personnel de l'acquéreur, soit des denrées destinées à l'exportation (coton, huile et amandes de palme, arachides, cacao, etc.).

Le commerce d'esclaves fut très florissant autrefois; le nombre d'esclaves exportés fut estimé, en 1790, à 74.000 individus pour la Côte d'Or et la Côte des Esclaves; ce commerce, aboli par la France, en 1848, ne cessa effectivement qu'après l'occupation de tout le pays par les Européens.

5° HABILLEMENT

Après avoir examiné les occupations des indigènes, il reste à étudier leur manière de se vêtir, leur armement, etc.

Dans toute la région du Nord, ils ne portent aucun vêtement, excepté des pseudo-ceintures, plutôt par nécessité ou par ornement que par pudeur, ce sentiment étant complètement inconnu dans ces régions.

A mesure que l'on s'avance vers le Sud, l'usage du pagne se généralise; qu'il soit fait en étoffe indigène ou en cotonnade imprimée fabriquée à Manchester, c'est un grand morceau d'étoffe que les hommes drapent autour du corps en faisant relever un pan par-dessus une épaule et que les femmes enroulent sous les aisselles ou à la ceinture.

Sur la côte et dans les villes, les commerçants s'habillent à l'européenne avec plus de recherche que de goût, mais beaucoup d'entre eux reprennent leur pagne, dès qu'ils sont rentrés chez eux.

Les musulmans, et particulièrement les Haoussahs, ont une tenue plus compliquée; leurs vêtements sont brodés de motifs en couleurs très particuliers; leur habillement se compose d'une culotte rappelant par sa forme celle des zouaves, et de une ou plusieurs robes-chemises à larges manches bleues ou blanches qu'ils mettent l'une par-dessus l'autre, la plus sale restant en dessous. Les Haoussahs sont toujours coiffés du fez qu'ils entourent d'un turban blanc ou qu'ils couvrent d'un chapeau de paille en forme de cône fait en paille tressée et orné de bandes de cuir.

Les indigènes des autres races vont généralement nu-tête; leurs cheveux sont coupés très courts; les barbiers sont experts dans l'art de faire des dessins sur les têtes (dessins en damiers, ronds) en rasant certaines parties du crâne au moyen d'une lame de fer aiguisée constamment (ou encore d'une lame Gillette, très recherchée à cet effet).

Les femmes Ehoué se font coiffer de manière spéciale; leurs cheveux sont partagés en petites tresses assez courtes qui se dressent tout autour de la tête; l'opération est longue et difficile, et l'effet obtenu assez bizarre.

En cas de pluie, les indigènes des régions du Sud se protègent avec un chapeau de paille tressée à très larges bords dont le diamètre atteint un mètre.

Si, d'une façon générale, le costume est assez sommaire, par contre les parures et ornements ne manquent pas; les femmes portent des bracelets, des anneaux, des bagues; leurs chevilles, genoux, poignets, bras sont cerclés de perles d'origine japonaise ou italienne, d'ivoire, ou, plus simplement de cauris; elles portent aussi de lourdes ceintures de perles à plusieurs rangs qui rappelent par leur utilité l'antique ceinture égyptienne.

Armement. — Parmi les armes les plus courantes que l'on trouve dans les régions du Centre et du Nord (les peuples du Sud étant plus commerçants que guerriers), on peut citer d'abord l'arc de dimension assez réduite (longueur : 1 mètre) qui peut lancer à une distance supérieure à cent mètres des flèches de 50 centimètres de longueur; ces flèches sont toujours empoisonnées, les Kaburés et Konkombas s'étant fait une spécialité de l'extraction et du commerce de ce poison (*strophantus hispidus*). On trouve, d'autre part, plusieurs variétés de poignards : les uns renfermés dans une gaîne de cuir sont toujours à portée de la main, d'autres, plus longs, sont rattachés à une poignée que l'on tient comme celle d'un sabre ; les Kaburés et les habitants du Tschaudjo se servaient également de haches d'armes et de massues de bois dur. La lance n'est guère employée que par les cavaliers mahométans et ressemble à la lance touareg; on trouve également des lances tout en fer et des javelots de bois munis d'un fer de lance à une extrémité pour assurer l'équilibre pendant le jet.

Les boucliers sont rares; on n'en trouve que deux espèces; les boucliers en cuir pour les cavaliers du Tschaudjo et les boucliers en fer des Kaburés.

Les armes à feu, dont l'usage se généralise parmi les indigènes, sont des fusils à pierre de traite d'importation européenne et américaine.

L'art indigène est peu développé; les principaux ouvrages ont été examinés dans les chapitres précédents : objets en bois sculpté et taillé (chaises, bancs, statuettes, etc.), poteries et statuettes en argile.

Les statues-fétiches, que l'on rencontre un peu partout dans la brousse, ne sont le plus souvent que des termitières dont on a dégrossi les formes et que l'on a incrustées de cauris afin d'y figurer des yeux, un nez et une bouche, le reste se perdant dans la masse.

La peinture est à peu près inexistante; on trouve seulement à l'intérieur des cases des essais de reproduction, en une couleur, de crocodiles et autres animaux sacrés difficilement reconnaissables.

Ce n'est que sous l'influence européenne que les indigènes, apprenant les procédés modernes et familiarisés avec des instruments et outils plus pratiques, ont commencé à fabriquer des objets réellement finis au point de vue artistique, et même — parfois trop fignolés; tels sont les bijoux et les articles d'ivoire et de bois précieux.

Cependant, il faut distinguer, dans cet art indigène, les objets et articles vendus par les Haoussahs, fabriqués par leurs femmes ou bien d'importation soudanaise, qui sont très différents par leur nature, leurs procédés de fabrication et les motifs de dessins; les matières travaillées sont surtout : le métal (fer et cuivre) avec lequel sont confectionnées des armes richement ornées (lances, poignards, etc.) et le cuir que les Haoussahs colorent, découpent, brodent pour en faire des sacs, des coussins, des chaussures, des bottes, etc.

6° MOEURS DES INDIGÈNES

Malgré le peu d'affection envers les enfants, une naissance est toujours accueillie avec joie, parce que c'est un signe de réjouissance; la naissance s'effectue avec l'aide effective et morale du prêtre fétichiste; les fêtes ont lieu au bout de huit jours; on donne à l'enfant un nom, des prénoms et souvent des surnoms.

Dans certanies régions, notamment chez les Kaburés, la coutume veut que la naissance de deux jumeaux soit un mauvais présage, et les nouveaux-nés sont enterrés vivants dans des pots de terre.

L'enfant est élevé par la mère qui le porte continuellement sur son dos; pour l'allaiter, elle le fait passer de côté sans cesser de travailler.

Pendant la durée de la lactation (deux ans en moyenne), la femme n'a pas de rapports avec son mari.

L'enfant grandit; l'éducation commence, les garçons suivant leur père dans ses occupations quotidiennes (agriculture, chasse, pêche), celui-ci leur apprend les coutumes et les règlements de la famille et de la tribu et les met au courant des dettes et

créances en suspens, ou autres accords intéressant la famille.
Les filles apprennent leur métier de ménagère et le travail de la
maison, s'habituant au labeur qu'elles auront à fournir une
fois mariées.

Le mariage a lieu de bonne heure, à douze ans pour les
femmes, à vingt ans pour les hommes; les fiançailles sont con-
venues très longtemps à l'avance, souvent même avant la naissance des intéressés; le mariage est plutôt un marché qu'une
question de goût, la femme étant un instrument de travail
plutôt qu'une compagne; le fiancé fait des cadeaux en argent
et en nature (ignames, manioc, etc.) à la famille de sa fiancée,
paie à celle-ci quelques vêtements et les ustensiles de ménage
nécessaires à la vie courante (calebasses, jarres, etc.).

Le mariage est célébré avec le concours intéressé du prêtre
fétichiste qui intervient pour chasser le mauvais esprit, donner
des gris-gris infaillibles, et assister aux fêtes (repas, danses, etc.).
La femme n'est jamais consultée pour son mariage et reste pendant les fêtes dans une case, d'où elle sortira avec les habits
envoyés par son mari, car elle ne doit rien emporter de chez ses
parents.

La polygamie est une chose courante ; c'est un signe de
richesse, la femme étant une source de revenus, et non pas
une dépensière; les chefs et rois ont des dizaines et même des
centaines de femmes.

En dehors de l'organisation judiciaire gouvernementale, il
existe dans les villages une organisation indigène : le pouvoir
de juger appartient au chef, qui est assisté du « Conseil des
Anciens des familles »; en cas de difficultés, on en réfère au
prêtre fétichiste. Chaque jugement est très compliqué, les parties
amenant leur famille et de nombreux témoins.

En cas de différends plus graves, la force supplée le droit, une
bataille s'engage entre partis et familles, se terminant le plus
souvent par le départ du parti vaincu dans une autre tribu.

Les pénalités infligées autrefois étaient : la mort pour le cri-
minel (l'exécution se faisant avec l'arme du crime) et surtout les
amendes.

Ces tribunaux indigènes ont vu leur influence presque anni-
hilée et ne siègent plus que pour la forme.

Le droit, basé sur la coutume, varie d'un peuple à l'autre;
les successions sont très compliquées; à la mort d'un chef de
famille, les femmes et les biens sont répartis entre les fils et les
neveux du défunt; les esclaves sont quelquefois libérés.

Le droit d'hospitalité est très étendu : le visiteur est placé sous la protection de son hôte et ne peut pas être poursuivi sans l'autorisation de celui-ci.

La vie des indigènes est de durée assez courte; ils meurent en moyenne de quarante-cinq à cinquante ans.

Les maladies, que l'on attribue à un enchantement, sont soignées par le prêtre fétichiste qui essaye d'éloigner le mauvais esprit par des prières et exorcismes. Ses soins continuent d'ailleurs après la mort du malade; le jour de l'enterrement, il demande à l'esprit du défunt pourquoi il a quitté la terre, sa famille et ses amis; puis, le corps est enterré sous une hutte (la tête étant tournée vers la sortie du village); on place à côté de lui des habits, des aliments et des cauris (ou des pièces d'argent) pour qu'il puisse payer aux piroguiers son passage sur la Volta et se rendre en paix dans le royaume des morts, à Asianou, que l'on dit se trouver en Gold-Coast.

La veuve, habillée de bleu sombre ou de noir, qui sont les couleurs de deuil, reste chez elle pendant une longue période pour combattre le mauvais esprit.

Après l'enterrement, commencent les fêtes pour célébrer la mort du parent et son passage dans l'autre monde; ces fêtes se renouvellent le huitième, le quatorzième et le vingt et unième jour qui suivent le décès.

Il est curieux de remarquer que ces cérémonies et fêtes ont lieu également pour le décès de personnes converties au christianisme, et il n'est pas rare de voir les deux cérémonies se succéder, et même se juxtaposer; d'un côté, on entend l'harmonium et les cantiques, de l'autre côté, le tam-tam, les chants indigènes, hurlements d'ensemble et danses. Toutes ces fêtes sont naturellement accompagnées de repas copieux et durent toute la nuit. Ce fait suffit à montrer l'insouciance du nègre qui voit même dans la mort une occasion de fêtes et de divertissements.

Chez les mahométans, les rites sont très différents et plus mystérieux; les enterrements ont lieu non pas dans les huttes, mais dans des cimetières de villages.

D'une façon générale, l'enterrement est considéré par les indigènes comme une marque d'honneur; aussi est-il refusé aux individus coupables ou considérés comme coupables : les criminels, voleurs, débiteurs, empoisonneurs, enchanteurs, femmes mortes en couches (dans certaines régions), personnes tuées par la foudre, etc., tous ces individus sont portés dans la brousse et livrés aux fauves et autres animaux sauvages; cependant, il arrive quelquefois que la famille rachète la faute commise et obtient la permission de sépulture.

CHAPITRE III

HISTOIRE DU TOGO

§ 1ᵉʳ. — Précis chronologique

1626 Edit de Louis XIII créant la Compagnie des Indes occidentales remplacée à la fin du xviiiᵉ siècle par la Compagnie du Sénégal, et plus tard, sur la côte de Guinée, par les maisons Régis et Fabre, de Marseille.

1670 Visite du commissaire français de la Marine d'Elbée au roi d'Ardres.

1671 Etablissement du fort français de Juda (Ouidah) sur l'ordre de Colbert.

1767 Le comptoir de Juda est dirigé par un administrateur nommé par le roi.

1787 Arrivée à Juda de l'administrateur Gourg. Organisation et extension du comptoir.

1851 Traité de commerce et d'amitié conclu entre le roi Ghezo et la France.

1884 Arrivée à Bagida du général konsul Dr Nachtigall.

1885 Convention entre la France et l'Allemagne. Répartition de la zone côtière.

1886 Délimitation par la mission du Dr Bayol.

1894-95 Mission du commandant Decœur et du lieutenant Baud dans le Nord.

1895 Mission de l'administrateur Alby.

1895 Mission Baud et Vermeersch, du Nord du Dahomey à la Côte d'Ivoire.

1897 Convention franco-allemande et répartition de la zone Nord.

1898-99 Délimitation par la mission Plée-Brisson-Toutée.

1909 Délimitation de la partie Togo-Dahomey par la mission Fourn.

1914 Occupation du Togo par les forces franco-britanniques. Première répartition.

1919 Convention franco-britannique pour la nouvelle répartition des territoires du Togo.

1920 Entrée en vigueur de cette deuxième répartition.

§ 2. — **Aperçu historique**

La Compagnie des Indes occidentales, créée en 1626, avait établi dans le golfe du Bénin un comptoir à Juda (Ouidah) où était pratiquée la traite des noirs. Colbert avait fait édifier, en 1671, un fort pour la protection des commerçants.

Ce n'est qu'en 1767 que le roi nomma un administrateur dans le but de diriger le comptoir et d'étendre l'influence française dans les régions avoisinantes; ce but fut précisé lors de la nomination du sieur Gourg, lequel avait pour mission :

1° D'administrer le comptoir du Juda;

2° De surveiller la direction du comptoir d'Amokou;

3° De créer un comptoir, soit au « Grand ou au Petit-Popo », soit à Afflaho (ou Wlahu, localité située aux alentours de Lomé) qui était fréquentée par les commerçants français.

Cependant, ces projets n'eurent pas les conséquences voulues, et, après la Révolution, l'on se désintéressa en France de ces comptoirs qui furent délaissés.

La côte continua cependant à se peupler de nouveaux habitants venant des régions voisines (notamment d'Accra) et de l'intérieur.

Petit-Popo (Anécho), devenu un centre commercial et politique, fut le siège de luttes de partis qui durent encore à l'heure actuelle.

La famille régnante (famille des Adjigo) issue d'un roi d'Elmina, Quandessou, subit les attaques de la famille Lawson, originaire de Sierra-Leone. Au moment du règne du quatrième chef (1821),la famille Lawson et une branche de la famille des Adjigo, obligea le chef Komlaga à quitter Petit-Popo; Komlaga s'établit à Agoué où sa dynastie règne encore. Plus tard, en 1855, le chef de Degbenu (quartier d'Anécho), Kuadjo Abossou, membre de la famille des Adjigo, quitta également Petit-Popo et s'établit à Porto-Seguro qui prit le nom de « Agbodranfo » (ce qui veut dire en langue Ehoué : le bouc qui étend ses pieds, c'est-à-dire qui défie); son arrière-neveu règne actuellement sous le nom de Mensah II.

En 1883, la famille Lawson, dont le représentant était le chef du quartier de Badji, suscita de nouveau des agitations; les commerçants allemands firent intervenir à deux reprises la canonnière *Sophia* croisant dans les parages qui déporta Lawson et emmena en Allemagne quatre indigènes comme otages. Ceux-ci revinrent, le 2 juillet 1884, à bord du *Move* où se trouvait également le Dr général konsul Nachtigall venant au Togo.

Cependant, le Gouvernement français, sollicité depuis 1870

par des familles influentes de Petit-Popo, envoya un représentant, le lieutenant de vaisseau Dornain, qui conclut, le 16 avril 1885, un traité de protectorat entre la France et le roi Ouébo, assisté de plusieurs chefs.

Cette lutte des influences françaises et allemandes fut réglée par une convention entre la France et l'Allemagne en date du 24 décembre 1885; Petit-Popo et Porto-Seguro étaient cédés à l'Allemagne; mais les commerçants français établis à Petit-Popo et Porto-Seguro recevaient les mêmes avantages que les commerçants allemands et conservaient en outre « la faculté de transporter et d'échanger librement leurs marchandises entre leurs comptoirs ou leurs magasins de Porto-Seguro ou de Petit-Popo, et le territoire français limitrophe sans être astreints au paiement d'aucun droit ». La même faculté était d'ailleurs accordée, à titre de réciprocité, aux négociants allemands.

La délimitation fut effectuée, en 1885, par une mission mixte à laquelle prit part, du côté français, le Dr Bayol.

Dès lors, les Allemands commencent l'organisation des pays occupés et envoient dans l'intérieur des missions de recherches à la fois militaires et scientifiques qui vont découvrir le Togo actuel; celui-ci était inconnu, sauf dans la région Ouest visitée par des Anglais qui avaient commencé leur pénétration en Gold-Coast depuis 1817.

En 1887, Falkenthal parcourt la région de l'Agotimé et occupe Agome-Palimé; le Dr Henrici fait le premier l'ascension du pic de l'Agu. En 1888, von François fait un grand voyage, longeant toute la région Ouest en passant par Kpandu, Salaga et Yendi, jusqu'au pays Mossi, puis revient par l'Adélé pour arriver à Sebbé, devenu résidence du Gouvernement. Dans la même année, le lieutenant Wolf, chef de mission, fonde Bismarckbourg qui devait être un centre d'études et d'expéditions (en fait, il sera abandonné, en 1894, et remplacé par Kété-Kratschi comme chef-lieu de cercle). La mission Wolf parcourt Kirikri, Aledjo, Séméré, Sugu et Borgou, mais retourne par suite de la mort de son chef.

En 1890, le capitaine Herold fonde Misahohe (aujourd'hui Klouto) qui est particulièrement bien situé au point de vue stratégique et climatérique.

En 1894, il est décidé de pousser plus avant; à cet effet, le Dr Gruner, assisté des officiers von Doring et von Karnap et accompagné d'une escorte imposante, quitte Misahohe, le 5 novembre, se dirigeant vers Kratschi, Yendi et Sansané-Mango. Il devait se rencontrer dans le Nord avec la mission française d¨

commandant Decœur partie dans le même but du Dahomey; il y aura entre ces deux missions une lutte de vitesse pour gagner l'Hinterland et pour conclure des traités avec les chefs de province.

Le 9 janvier 1895, le Dr Gruner atteint Sansané-Mango que le commandant Decœur avait quitté le matin même; celui-ci n'avait pas cru devoir passer de traité de protectorat, ayant trouvé le chef de Sansané-Mango muni d'un traité de commerce et d'amitié avec le Gouvernement britannique qui lui interdisait de placer son pays sous le protectorat d'aucune puissance européenne; par contre, le Dr Gruner, ne tenant pas compte de ce papier, signe un traité de protectorat. D'autre part, voulant devancer la mission française sur la route du pays Gourma, il envoie un détachement de vingt tirailleurs commandé par le lieutenant von Karnap; celui-ci réussit à dépasser la mission du commandant Decœur et traverse les villages de Pama, Matscha-Kuali, Nando et Kankanschari; il signe un traité avec le chef de Nando qu'il croyait être le véritable roi du Gourma, puis il attend l'arrivée du Dr Gruner. Il reçoit d'abord la visite et une protestation écrite du commandant Decœur qui venait de signer un traité avec le véritable roi de Gourma, Batschandé, résidant à Fada N'Gourma (ou Noungou) et allait rejoindre à Say la mission Baud-Vermeersch dont il s'était détaché.

Pendant ce temps, M. le gouverneur Ballot envoie en mission l'administrateur Alby qui devait :

1° Rechercher la mission Decœur;

2° Atteindre Ouagadougou et conclure un traité avec le chef du Mossi pour relier le Dahomey au Soudan français. Il atteint Sansané-Mango en janvier 1895 et y signe un nouveau traité de protectorat; ne pouvant rejoindre le commandant Decœur parti vers Say, il marche vers le Mossi qu'il atteint le 4 février, mais ne peut pénétrer dans Ouagadougou par ordre du Sultan. Il redescend, le 24 février, par Pama et Konkobiri.

La mission Baud-Vermeersch revient en avril pour occuper et organiser Sansané-Mango.

Cependant, dès 1896, le Dr Gruner repart en mission, occupe Sansané-Mango et essaie d'établir des relations permanentes avec le Niger; des postes sont créés à Bafilo et à Kirikri. M. le gouverneur Ballot se rend dans la région, remet une protestation aux chefs des postes, notamment au comte de Zech qui, sommé d'abandonner Bafilo, se retire à Sokodé. Un incident analogue se produit à Pama avec la mission Baud. Les officiers allemands en appellent à leur Gouvernement.

C'est alors que se réunit la Commission mixte qui établit la Convention du 23 juillet 1897, par laquelle : « ...La France cède ses droits sur Sansané-Mango, Gambaga, Bafilo, Koumtoum et Kirikri; l'Allemagne cède à la France ses droits sur Aledjo, Séméré, Suguruku, Djugu, Pama et Gourma. L'Allemagne s'engage à ne pas faire valoir ses droits vis-à-vis de la France sur la rive droite du Niger... »

La délimitation fut effectuée, en 1898 et 1899, par la mission Plé-Brisson.

Dès lors, il n'y a plus à signaler que quelques révoltes et soulèvements dans la région des Dagombas, puis chez les Konkombas et les Kaburés, réprimés durement par la force armée.

Les expéditions et missions scientifiques se multiplient, dirigées par le Dr Gruner et par le planteur Hupfeld; l'exploitation et le développement économique commencent et vont se poursuivre jusqu'en 1914.

Les opérations militaires effectuées au Togo par les troupes franco-anglaises furent rapidement menées; le 3 août, le gouverneur allemand proposait aux gouverneurs de Gold-Coast et du Dahomey de garder la neutralité pendant la guerre; cette proposition n'eut aucune suite. D'ailleurs, des forces allemandes étaient concentrées dans la région d'Anécho, s'élevant à trois cents Européens, un millier d'indigènes et trois mitrailleuses.

Pour parer au danger d'un coup de main sur Grand-Popo, le commandant Maroix, commandant militaire des forces françaises au Dahomey, envoya à Anécho une colonne volante dirigée par le capitaine Marchand; celle-ci trouva la ville abandonnée par les Allemands et les bâtiments officiels pillés; poussant sa marche en avant, elle dépasse, le 8 août, Porto-Séguro, atteint Messacodji où elle s'arrêta sur l'ordre du commandant militaire, informée de l'occupation de Lomé par une colonne anglaise commandée par le capitaine Baiker.

La zone côtière ayant été occupée dans l'intervalle de huit jours, le commandement franco-anglais commença l'occupation du pays; deux colonnes furent formées, l'une dirigée par le lieutenant-colonel Bryant, l'autre par le commandant Maroix.

La première colonne prit contact, le 15, avec l'ennemi, et, le 16, un train militaire tombait entre ses mains. Puis, s'étant concentrée à Nuatjæ, le 20, elle apprit que les forces ennemies s'étaient rassemblées sur le Chra; de fait, elle se heurta, le 22 août, à quelques Européens et environ quatre cents tirailleurs allemands fortement retranchés.

Cette troupe disposait de deux mitrailleuses. Le combat dura toute la journée sans qu'un avantage sérieux puisse être obtenu de part ou d'autre, mais les Allemands ayant sans doute appris la marche en avant de la colonne Maroix et craignant d'être pris de flanc ou à revers évacuèrent leurs positions dans la nuit.

Les alliés avait eu deux officiers tués et deux blessés, quarante soldats indigènes tués et quarante-huit blessés.

Le 25, après avoir évacué les blessés, la colonne se remettait en marche et occupait Glei pendant que son avant-garde s'assurait le passage de la rivière Amu.

Le même jour, des parlementaires allemands venaient discuter avec le lieutenant-colonel Bryant les conditions de la reddition de Kamina. Il leur fut répondu que l'on n'accepterait de capitulation que sans conditions.

Le mouvement en avant continua le 26 : Amutchu fut atteint et ce fut là que deux officiers allemands vinrent apporter au commandant des forces alliées une lettre acceptant la reddition sans conditions de Kamina et de tout le Togoland.

De son côté, le commandant Maroix avait mis son groupe en mouvement en deux échelons, le premier quittant Tchetti le 22, le second le 23 août.

Le premier échelon (capitaine Durif) se heurta, le 22 août, à 20 kilomètres de Tchetti, à une reconnaissance allemande qu'il bouscule et dont le chef blessé est fait prisonnier.

Le 23, le groupe Durif arrive au Mono, trouve le passage défendu et est reçu par une vive fusillade qui dura jusqu'à la nuit.

Le 24, le deuxième échelon et l'artillerie arrivent. Une reconnaissance traverse le Mono et constate l'évacuation des positions ennemies.

Le commandant Maroix est informé du résultat du combat de Chra et décide de se porter rapidement en avant.

Le 25, l'avant-garde atteint Agbakovhé et le 26, à 11 heures du matin, arrive à 300 mètres de Kamina où il apprend la capitulation sans conditions de la place.

Le 27, les troupes alliées faisaient leur entrée solennelle à Kamina.

Dans le Nord, des troupes de la Haute-Volta, mises à la disposition du commandant Maroix, occupèrent sans résistance Sansané-Mango, puis Sokodé.

Bref, l'occupation se fit rapidement et sans grand mal; les troupes alliées avaient été accueillies sans aucune marque d'hostilité des populations; celles-ci se rendant compte que la conquête se faisait sans aucun désordre, et que leurs intérêts étaient sauvegardés comme ils avaient pu l'être auparavant.

La première délimitation effectuée, le 3o août 1914, plaçait sous le mandat britannique l'ensemble de la région Ouest, comprenant les cercles allemands de Lomé, Misahohe (Klouto), Kété-Kratchi et le district de Yendi du cercle de Mango-Yendi. Un second accord fut signé, le 10 juillet 1919, la France recevait la presque totalité du cercle de Lomé, le cercle de Klouto (moins les districts de Ho et de Kpandou); la partie Est du cercle de Kété-Kratchi; mais, par contre, elle cédait les parties Ouest du cercle de Sokodé (région de Sansougou) et du cercle de Sansané-Mango (région des Konkombas) et partie des Tchokossis.

Chaque répartition plaçait 53.000 kilomètres de terrains sous le mandat français et 35.000 kilomètres sous le mandat britannique, mais la deuxième répartition assurait à la France la possession du réseau ferroviaire et le débouché vers l'étranger.

Sitôt le Togo conquis, les Gouvernements français et anglais, représentés par les gouverneurs du Dahomey et de la Gold Coast, s'engageaient, par la convention signée à Lomé le 3o août 1914, à administrer le pays dans les conditions prévues par la convention de La Haye en appliquant la législation allemande. De plus, aucun impôt direct ne devait être perçu.

Cette organisation intérieure, assurée par les commandants militaires, fut modifiée le 4 septembre 1916 du fait de la nomination d'un Commissaire de la République au Togo.

Dès lors, le Togo devenant colonie autonome fut soumis au régime politique et administratif actuel qui sera étudié dans le chapitre suivant.

§ 3. — Index bibliographique

MM.

BINGER (L.-G.). *Du Niger au Golfe de Guinée par le pays Kong et le Mossi* (Paris, 1891).

DESPLAGNES (L.). *Le plateau central nigérien* (Paris, 1907).

HENRICI (E.). *Das deutsche Schutzgebiet* (Leipzig, 1888).

HUBERT (H.). *Mission scientifique au Dahomey* (Paris, 1908).

PREIL. *Deutsch-franzosische Waffenbrüderschaft im Hinterland von Togo und Dahomey.*

SPIETH (I.). *Die Ewe Stamme.*

ZOLLER (H.). *Das Togoland* (1885).

MEYER (H.). *Das deutsche Kolonialreich II* (Leipzig, 1910).

TRIERENBERG. *Le Togo* (Berlin, 1914).

HENRY (Y.). *Le Togo* (Colonies et Marine).

ANGOULVANT. *Le Togo* (Colonies et Marine). Septembre 1920.

Lomé. — Hôtel du Gouverneur.

Lomé. — Le Palais de Justice.

Lomé. — Le Marché au Bois.

Lomé. — L'Eglise catholique

CHAPITRE IV

ORGANISATION POLITIQUE ET ADMINISTRATIVE

§ 1er. — Gouvernement

Le décret du 2 février 1915, créant au Togo un Commandement territorial militaire placé sous l'autorité d'un officier supérieur commandant les troupes d'occupation et résidant à Petit-Popo (Anécho), fut modifié par le décret du 4 septembre 1916, nommant un Commissaire de la République française.

Ce dernier texte a lui-même été modifié par les décrets des 21 août 1917 et 23 mars 1821. Le Commissaire de la République est le détenteur des pouvoirs de la République dans les territoires du Togo placés sous l'autorité de la France. Il correspond seul avec le Gouvernement.

Le 1er octobre 1920, le siège du Gouvernement fut transféré à Lomé en vertu de la convention franco-britannique du 10 juillet 1919.

Les bureaux et services du Commissariat de la République française sont constitués comme il suit :

Secrétariat particulier. Bureau militaire.
Cabinet et bureau des Affaires politiques et économiques.
Bureau des finances et du matériel.
Services des Voies de pénétration et des Travaux publics.
Services des Douanes.
Service sanitaire et médical.
Service des Postes et Télégraphes.

§ 2. — Services autonomes

Service de la Justice française. Tribunal de 1re instance de Lomé.
Service du Trésor. Paierie de Lomé.
Bureau de Conservation foncière de Lomé.

L'Administrateur en chef, Chef du Service administratif, assure l'expédition des affaires courantes et urgentes toutes les fois que le Commissaire de la République s'absente du chef-lieu.

Un Conseil d'administration des territoires du Togo placés sous l'autorité de la France a été institué par un décret du 5 août 1920, promulgué le 11 novembre de la même année. Ce Conseil, présidé par le Commissaire de la République, comprend quatre membres fonctionnaires, trois membres notables, dont un indigène; ces trois membres sont nommés par le Commissaire de la République pour une durée de deux ans.

Ce Conseil d'administration peut se transformer éventuellement en Conseil de contentieux par l'adjonction de deux magistrats.

L'Hôtel du Gouvernement, où réside le Commissaire de la République, est un grand bâtiment surélevé, construit vers 1904, et d'aspect imposant; il forme la limite Ouest de Lomé, et trois grandes routes ombragées y aboutissent. Le voisinage immédiat de la mer, un parc extérieur et un jardin intérieur en font une résidence agréable.

§ 3. — Services divers

1° *Finances*. — Un budget local spécial au Togo fut institué dès l'exercice 1920 par un ordre ministériel transmis par le Gouvernement général le 6 décembre 1919; le caractère particulier des recettes et des dépenses du système allemand fut conservé.

Le Chef du Service des Finances fut délégué comme Ordonnateur du budget local par un arrêté du Commissaire de la République en date du 29 novembre 1920.

Les principales ressources du budget local (rachat de l'impôt-travail, patentes et licences, droits de contrôle sur les armes à feu, droits de douanes, recettes des Postes, Télégraphes et Téléphones, taxes de circulation, etc.) ont déterminé, pour l'exercice 1920, un excédent des recettes sur les dépenses s'élevant à 1.129.496 fr. 62; cet excédent a constitué le fonds d'une caisse de réserve du Togo créée le 31 mai 1921;

2° *Trésor*. — La paierie de Lomé, instituée par un décret du Gouverneur général en date du 7 août 1920, fut ouverte à compter du 29 novembre 1920 par un arrêté du Commissaire de la République.

(Les bureaux du Service des Finances et du Trésor sont installés dans le grand bâtiment, dénommé « Secrétariat général », situé près du Gouvernement et facilement remarquable sur le plan de la ville);

3° *Justice*. — Un décret en date du 8 août 1920, promulgué en Afrique occidentale française par un arrêté du Gouverneur général, en date du 24 septembre 1920, a prévu l'institution d'un Tribunal de 1re instance à Lomé; ce Tribunal est appelé à juger toutes les affaires qui n'intéressent pas exclusivement les indigènes; comme il n'existe pas de justice de paix, les affaires de cette sorte sont portées devant le Tribunal de 1re instance.

Son activité s'est exercée à partir du 29 novembre 1920; en un an, il a prononcé 29 jugements civils et commerciaux, et 46 jugements correctionnels.

Le Tribunal est composé d'un juge-président, d'un juge-suppléant et d'un greffier.

Le Ministère public est représenté par un procureur de la République, en résidence à Lomé.

Un arrêté du Gouverneur général a prévu trois postes d'avocats-défenseurs près ce Tribunal.

Le Palais de Justice a été installé en octobre 1920 dans les locaux de l'ancien « Kaiserhof », bâtiment déjà ancien mais spacieux et bien situé, où l'on a pu aménager aisément les salles d'audiences et de réunions, ainsi que les bureaux.

En dehors du Tribunal de 1re instance, il y a six tribunaux indigènes, ayant leur résidence dans les chefs-lieux de cercles, qui siègent chaque semaine et règlent les affaires intéressant uniquement les indigènes.

Le greffier du tribunal remplit en même temps les fonctions de commissaire-priseur et de notaire; les fonctions d'huissier sont assurées par le Commissaire de police de Lomé.

4° *Armée. — Garde indigène. — Police.* — Le commandement militaire est dévolu au Commissaire de la République, assisté d'un Chef de bataillon commmandant le détachement, de cinq officiers et de dix sous-officiers français.

Le maintien de l'ordre est assuré par des forces de police indigène (gardes et agents) et par des tirailleurs sénégalais (6e compagnie du 3e régiment de tirailleurs) répartis dans les cercles et subdivisions de la manière suivante :

NOMENCLATURE	TIRAILLEURS	GARDES	AGENTS DE POLICE
Cercle de Lomé	25	89	20
Subdivision de Tséwié	»	15	»
Cercle d'Anécho	»	35	»
Subdivision de Tabligbo	»	5	»
Cercle de Klouto	»	20	»
Cercle d'Atakpamé	40	20	»
Subdivision de Nuatjà	»	5	»
Cercle de Sokodé	15	30	»
Subdivision de Bassari	10	5	»
Cercle de Sansané-Mango	120	26	»
Totaux	210	250	20

Un commissaire de police, nommé par un arrêté du Commissaire de la République, en date du 7 octobre 1920, en résidence à Lomé, s'occupe des questions d'ordre général, d'hygiène et de salubrité publique, ainsi que de la sécurité générale; il régit la prison et règle les travaux de la main-d'œuvre pénale.

5° *Service de santé. — État sanitaire. — Hygiène.* — A l'heure actuelle, tous les centres du Togo sont dotés d'un hôpital dirigé par un médecin, lequel, en plus des soins qu'il donne aux Européens et aux indigènes, veille à l'hygiène et à l'état sanitaire général dans chaque cercle; il est assisté dans cette œuvre par une Commission d'hygiène qui comprend des Européens et des notables indigènes. De plus, un Conseil supérieur d'hygiène siège à Lomé sous la présidence du Commissaire de la République.

Les travaux d'aménagement, commencés par les Allemands, ont été repris et développés depuis l'occupation française.

A Lomé, l'hôpital indigène, bientôt insuffisant, va être agrandi; le laboratoire d'examens et de recherches aura son matériel augmenté peu à peu.

A Anécho, l'hôpital, fondé du temps de l'occupation allemande, et par suite trop ancien et insuffisant, sera complètement reconstruit sur des données plus modernes.

A Palimé, l'hôpital sera également transformé.

A Atakpamé, un hôpital indigène est en projet.

Les centres de Sokodé, de Bassari et de Sansané-Mango auront leurs locaux et leur matériel améliorés.

La salubrité du Togo est excellente d'une façon générale, et l'Européen y vit facilement à condition d'y observer une hygiène régulière.

Le Togo ne présente pas de caractéristiques au point de vue sanitaire et se rattache à l'ensemble de la Côte occidentale d'Afrique.

Chez les indigènes, certains facteurs de dépopulation sont à redouter : c'est d'abord la mortalité infantile qui est considérable; l'enfant est délaissé et meurt, faute de soins; c'est également la variole dont les épidémies sont complètement enrayées à l'heure actuelle par suite de la vaccination de la population; la maladie du sommeil n'existe pour ainsi dire pas; la lèpre est rare, les lépreux sont isolés dans la léproserie de Kamhhové; en réalité, la maladie la plus courante parmi les indigènes, c'est la syphilis, qui est répandue dans tous les centres, et contre laquelle il faudra lutter; ce danger n'a guère inquiété les Allemands qui s'occupaient surtout de la maladie du sommeil et de la fièvre jaune.

En définitive, pour obtenir au Togo une population plus nombreuse et plus active, il faudra exercer une surveillance immédiate sur les indigènes, les encourager à la repopulation (et punir sévèrement les opérations d'avortements trop fréquentes), obliger les indigènes à déclarer leurs enfants et à les soigner. C'est donc une réforme aussi bien morale que sanitaire qui fait partie de la grande éducation civilisatrice à donner aux indigènes.

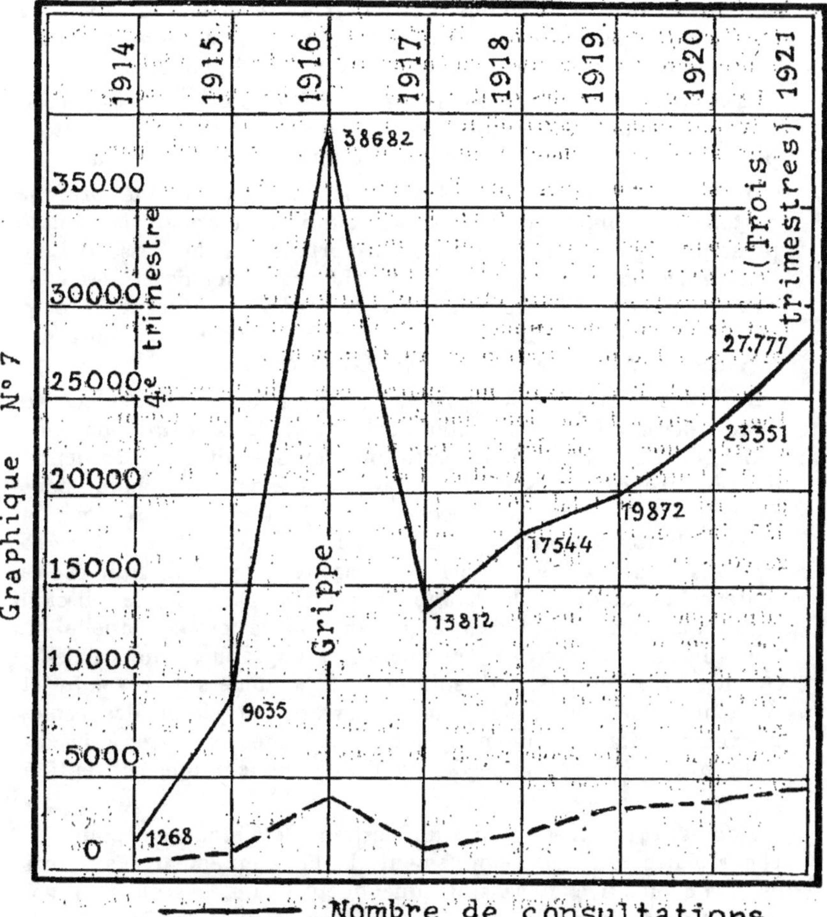

D'ailleurs, ceux-ci se rendent compte de l'œuvre bienfaisante opérée par le Service de Santé, ainsi que le prouve le tableau des consultations dans les hôpitaux du Togo depuis 1914 jusqu'à 1921. (Voir grapfique 7, p. 49.)

6° *Enseignement.* — Du temps de la domination allemande, l'enseignement n'était donné, à vrai dire, que par les Missions; celles-ci, au nombre de trois, étaient installées au Togo depuis longtemps : la *Wesleyan Missionary Society in London*, en 1850; la *Nord Deutsche Missionsgesellschaft in Bremen*, en 1890; la *Gesellschaft des Gottlichen Wortes* ou *Steyler Mission*, en 1892; la première école gouvernementale fut fondée en 1891.

Les programmes des quatre années d'études étaient très précis, le travail manuel (agriculture pour garçons, travaux de couture pour filles) et le chant y prenaient une assez grande part.

Il est à remarquer que l'enseignement était donné presque partout en langue indigène, l'allemand ne devenait la langue principale que dans les centres importants; le but essentiel de l'enseignement était de faire acquérir aux indigènes « des connaissances pouvant être utiles aux Européens », et leur permettant de devenir des employés instruits et capables de rendre des services à l'Administration et au Commerce.

En 1913, il n'y avait que quatre écoles du Gouvernement au Togo : deux à Lomé dont une école normale d'instituteurs, une à Sebbé, une à Sokodé; le personnel comprenait 14 instituteurs, dont 5 Européens. Il y avait en tout 338 élèves. Les trois missions possédaient au total 363 écoles; 112 professeurs européens et 435 instituteurs indigènes instruisaient 13.650 élèves (10.918 garçons et 2.732 filles). Parmi ces écoles, il y avait huit écoles maternelles, deux écoles complémentaires. De plus, la Mission catholique avait installé à Lomé une école professionnelle où l'on formait des ouvriers menuisiers, typographes, mécaniciens, relieurs, cordonniers, tailleurs, etc. Les ateliers ont rendu et rendent actuellement de grands services (10 élèves des écoles gouvernementales sont envoyés chaque année en stage à l'école technique). Cette école reçoit du Gouvernement une subvention annuelle de 30.000 francs.

Depuis 1914, il a régné un certain flottement au point de vue scolaire, et le développement de l'enseignement n'a repris de façon effective et sensible que depuis l'année scolaire 1920-1921. Ce développement a été considérable pour les écoles gouvernementales; par exemple, l'école de Lomé qui ne comptait que 168 élèves à sa fondation, en comptait 365 en juillet 1921,

44o en octobre, et le nombre de 5oo sera atteint au début de 1922.

Eu dehors des écoles de Lomé et de Sebbé dirigées par des instituteurs européens, des écoles se créent un peu partout et les instituteurs indigènes répandent dans l'intérieur l'usage du français; au total, le nombre d'élèves fréquentant les écoles gouvernementales est de 1.33o.

D'autre part, les cours d'adultes sont très suivis, du fait que beaucoup d'employés occupés pendant la journée, ayant reçu une instruction allemande ou anglaise, sentent le besoin d'apprendre et parler couramment le français.

Les écoles catholiques comptent actuellement 2.o6o élèves, dont 2oo filles; les écoles protestantes, moins importantes qu'autrefois, comptent 1.4oo élèves; la *Wesleyan Mission* est à peu près inexistante actuellement.

La population scolaire est donc au total de 4.79o élèves, ce qui représente un très faible pourcentage de la population.

Dans les villes, une grande partie des enfants va à l'école et le pourcentage est excellent; mais dans l'intérieur, soit par routine des parents, soit parce que les enfants sont utiles aux champs, le pourcentage est très faible et la fréquentation est mauvaise; en effet, le nombre d'élèves finissant leurs études est de 6o à 7o % dans les villes et de 5 à 1o % dans les campagnes.

Les enfants eux-mêmes ont le désir de s'instruire et ne demandent qu'à suivre la classe qui constitue pour eux une *réelle distraction*; ils sont dociles, attentifs et s'intéressent à tout ce qui leur est nouveau ; leur facilité à s'assimiler plusieurs langues étrangères est remarquable : nombre d'entre eux parlent correctement deux langues européennes, et c'est ce qui les rend particulièrement utiles comme employés.

Cependant, l'instruction et les sanctions données (certificats d'études, etc.) constituent pour eux un motif de fierté et même de supériorité assez typique ; cela se caractérise souvent par le dédain du travail manuel et des travailleurs.

A côté de cela, il est à remarquer que les essais de modernisation des procédés d'industrie et de culture n'ont pas rencontré beaucoup de succès; notamment en ce qui concerne l'agriculture; les élèves formés par l'école allemande d'agriculture de Nuatjä n'ont guère profité des leçons acquises, car, sitôt leur études finies, ils revenaient chez eux et reprenaient l'ancien mode de culture pratiqué par leurs ancêtres, soit par routine, soit par paresse.

En définitive, le but de l'enseignement au Togo est actuellement :

1° De répandre l'usage du français dans tout le Togo, en remplacement de l'allemand et aussi de l'anglais;

2° De donner aux indigènes, en même temps qu'un fonds solide d'éducation générale, une spécialité, c'est-à-dire : former des ouvriers de telle ou telle branche, des employés d'administration et de commerce, bien au courant des besoins et caractéristiques de la vie moderne.

7° *Travaux publics*. — Ce service, placé sous la direction du capitaine du Génie, Directeur des Services du Railway et du Wharf, occupe deux surveillants européens; les dépenses de matériel prévues pour l'exercice 1921 s'élèvent à 373.000 francs.

Ce service s'occupe de l'entretien des routes et de la réfection des ponts, ainsi que de l'entretien des bâtiments, tous ces travaux ayant été forcément négligés depuis 1914; les constructions interrompues par la guerre sont en voie d'achèvement.

8° *Séquestre*. — Les biens des maisons allemandes (firmes commerciales, plantations, etc.), placés sous séquestre par les autorités françaises et anglaises, sont administrés et gérés par un administrateur-séquestre nommé par un arrêté du Commissaire de la République en date du 20 août 1920.

D'autre part, une Commission consultative des séquestres a été créé au Togo le 8 avril 1921, elle est placée sous la direction du Commissaire de la République et comprend cinq membres, dont deux non fonctionnaires; elle peut s'adjoindre un secrétaire et des experts.

La liquidation des biens séquestrés sera effectuée prochainement, ce qui permettra une plus grande stabilité des firmes commerciales ayant loué les immeubles ou plantations, et favorisera par suite l'essor du commerce au Togo.

§ 4. — Divisions administratives

Les territoires occupés du Togo et placés actuellement sous le mandat français sont divisés actuellement en six cercles :

1° Le *cercle de Lomé*, divisé en deux subdivisions et en trente-deux cantons. Sa population totale est de 108.145 habitants. L'administrateur en chef commandant le cercle est assisté de deux administrateurs-adjoints chefs de subdivisions, d'un agent spécial et d'un agent-voyer.

Lomé — Tribunal et Bureaux du Cercle.

Ce cercle a été scindé en deux subdivisions par un arrêté en date du 6 novembre 1920 :

a) La subdivision de Lomé-Ville comprend la seule agglomération de Lomé; sa population s'élève à 9.361 habitants se décomposant ainsi :

POPULATION		HOMMES	FEMMES	ENFANTS	TOTAL
Européens	Français	79	26	»	105
ou	Etrangers	26	5	1	32
Assimilés.	Syriens	12	5	5	22
	Totaux.	117	36	6	159
Indigènes .	Citoyens français . . .	2	1	»	3
	Sujets français.	2.222	2.422	4.138	8.782
	Sujets étrangers. . . .	170	145	102	417
	Totaux.	2.394	2.568	4.240	9.202

La ville est de formation récente; les premières cartes allemandes ne font figurer qu'une petite agglomération dans la région de Bé; de riches commerçants indigènes (de souche portugaise pour la plupart) possédaient sur la côte des vastes cocoteraies qui attirèrent la convoitise des planteurs allemands; la ville commerçante se développa rapidement; les factoreries allemandes achetèrent ou louèrent presque tous les terrains longeant la mer et des maisons européennes s'édifièrent peu à peu dans ce quartier, notamment dans la rue appelée aujourd'hui rue du Commerce.

Actuellement ces bâtiments, loués par le séquestre, sont occupés par les firmes françaises et anglaises; on compte sept comptoirs français, neuf comptoirs anglais, une agence maritime, les agents des Compagnies de commerce représentant les Compagnies de navigation françaises et étrangères. Les opérations financières sont assurées par trois banques, dont une anglaise. Un hôtel-restaurant s'est ouvert en juillet 1921. Le commerce de détail aux indigènes se fait par l'intermédiaire de nombreuses factoreries tenues par des Syriens et par des indigènes.

La Mission catholique a fait construire de nombreux et spacieux bâtiments d'aspect imposant : l'église, dont les deux tours constituent le premier point visible en mer; l'évêché où réside l'Administrateur apostolique du Togo, les diverses écoles, et enfin l'école professionnelle, véritable usine où règne une activité surprenante pour le visiteur.

La Mission protestante (évangélique) a édifié un temple de construction plus récente et quelques écoles.

La ville administrative date du xxᵉ siècle, le premier hôtel du Gouvernement, abattu depuis, fut construit en 1897, lors du transfert de la résidence du Gouverneur de Sebbé à Lomé. Les habitations des fonctionnaires, appelées bungalows, sont de construction plus récente; certains même eurent leur construction interrompue par la guerre; ce sont de vastes bâtiments, très espacés les uns des autres, ce qui a permis de transformer les concessions en parcs ombragés et fleuris dont l'aspect est très agréable.

Un grand parc, projeté du temps de la domination allemande, est en voie d'achèvement. Un jardin d'essai, situé aux alentours immédiats de Lomé sur le versant de la première colline, constitue un but de promenade très estimé.

Lomé a vu son importance se développer très rapidement dès la construction du Wharf et dès l'établissement des trois voies ferrées qui ont leur embranchement à Lomé.

  b) La *subdivision de Lomé-banlieue* est peuplée de 98.784 habitants répartis de la manière suivante :

Sujets français : 98.284	Hommes : 38.856
	Femmes : 30.712
	Enfants : 28.716
Sujets étrangers : 500	Hommes : 203
	Femmes : 176
	Enfants : 121

Le chef-lieu de cette subdivision, situé provisoirement à Lomé, a été transféré à Tsewié le premier janvier 1922.

Tsewié, situé à 34 kilomètres de Lomé, sur la voie ferrée allant à Atakpamé, est en effet le centre géographique et commercial du cercle; plusieurs routes commerciales y convergent. Des marchés très animés y ont lieu plusieurs fois par semaine et sont fréquentés par plus de 1.500 indigènes. Les missions catholique et protestante ont aménagé des écoles très fréquentées.

Parmi les autres agglomérations du cercle, on peut citer Gamé et Noepé, sièges de marchés importants où des maisons anglaises ont établi des factoreries. Un poste de douanes a été établi à Noepé pour surveiller l'introduction en territoire français des marchandises venant de la région de Ho et de l'Agotimé;

Kéouto. — Tribunal de Cercle.

Kéouto. — Chute d'eau d'Agomé (Route de la résidence.)

2° Le *cercle d'Anécho* est habité par 15 Européens et par 112.000 indigènes.

Le commandant de cercle réside à Sebbé, près d'Anécho, dans l'ancienne résidence du Gouverneur allemand avant 1897. Sebbé n'est habité que par les fonctionnaires. Le centre véritable est à Anécho, ville de 4.000 habitants, qui a lutté longtemps avec Lomé pour avoir la place prépondérante au Togo. Cependant Anécho pourrait reprendre de son ancienne importance, grâce à la richesse de son arrière-pays et à l'établissement éventuel d'un chemin de fer de l'huile dont il serait le terminus et le point d'embarquement.

Pendant la guerre, Anécho fut le chef-lieu des territoires occupés du Togo (zone française) du 7 août 1914 au 30 septembre 1920.

Parmi les autres agglomérations du cercle, on peut citer : Porto-Seguro, ancien port très florissant autrefois, au temps du commerce des esclaves; Tokpli, centre commercial de la riche contrée du Mono; Tabligbo, centre géographique, où avait été fondé un poste allemand, et qui est le chef-lieu d'une subdivision;

3° Le *cercle de Klouto* est constitué par les restes du cercle de Misahohe auxquels a été ajouté le district d'Assahun qui faisait partie précédemment du cercle de Lomé.

Klouto, résidence du Commandant de cercle, n'est guère important, commercialement parlant; c'est un poste situé sur la hauteur avoisinant la région de Palimé.

Agomé-Palimé, situé à 119 kilomètres de Lomé, est le terminus de la voie ferrée. Son développement commercial a été très rapide autrefois; c'était le débouché de toutes les marchandises venant de Kété-Kratschi et des régions de Buehm et de Kpandou; la barrière douanière déterminée par la convention du 10 juillet 1919 a diminué de façon sensible l'importance du trafic.

Cependant, Palimé est le siège d'un marché important et douze firmes françaises et anglaises y ont établi des factoreries.

Les bâtiments les plus remarquables à signaler sont : l'église de la Mission catholique, l'hôpital; quelques bâtiments servant de bureaux et d'habitations ont été construits pour les Européens.

Le cercle de Klouto est habité par 8 Européens et par 34.200 indigènes, dont 1.000 sujets étrangers.

C'est dans ce cercle que se trouvent les plantations d'Agou et de Togo, dont le développement, déjà très avancé, contribuera de manière appréciable à l'essor économique du Togo;

4° Le *cercle d'Atakpamé* est peu-différent de l'ancien cercle allemand. Il est habité par 18 Européens et par 65.158 indigènes se répartissant de la manière suivante :

Sujets français : 64.039
- Hommes : 19.836
- Femmes : 19.575
- Enfants : 24.628

Sujets étrangers : 1.119
- Hommes : 364
- Femmes : 312
- Enfants : 443

Atakpamé, ville située à 167 kilomètres de Lomé et terminus de la voie ferrée, est la résidence du Commandant de cercle; c'est, en somme, l'agglomération de trois quartiers donnant une population totale de 2.079 habitants. Deux de ces quartiers sont le siège de marchés très suivis.

Près d'Atakpamé se trouve le camp de Kamina, occupé par la 6ᵉ compagnie du 3ᵉ régiment de Tirailleurs sénégalais. Du temps de la domination allemande, Kamina était une station de télégraphie sans fil très puissante, détruite au début des hostilités.

Une subdivision a été créée à Nuatjä où se trouvait une station agricole allemande; la richesse du sol avait attiré sur les lieux une Société américaine qui a entrepris la mise en valeur du sol suivant des procédés de culture moderne. Une école d'agriculture fut fondée par les Allemands, avec peu de succès d'ailleurs au point de vue enseignement.

Nuatjä est actuellement un centre commercial et agricole important; c'est en même temps un centre de ravitaillement pour les Européens;

5° *Cercle de Sokodé*. Ce cercle, beaucoup plus vaste que les précédents, est habité par 6 Européens et par 233.992 indigènes, dont 2.543 sujets étrangers.

Le Capitaine d'Infanterie coloniale commandant le cercle réside à Sokodé, centre commercial de la région du Tschaoudjo.

Bassari, ville de 9.359 habitants (recensement de 1921), est le chef-lieu d'une subdivision.

Banjeli, ville de 2.847 habitants (recensement de 1919), est le centre de la région minière; les gisements de bauxite sont estimés à 20 millions de tonnes. Cette région est donc appelée à un développement industriel considérable; l'exploitation de ce minerai sera facilitée du jour de l'ouverture de la ligne de chemin de fer en projet.

La création d'une subdivision des Cabrais est actuellement à l'étude;

6° Le cercle de *Sansané-Mango* est habité par 4 Européens et

Route d'Atakpamé.

par 119.321 indigènes; c'est un cercle très vaste, bien qu'il ait été tronqué de toute la région de Yendi placée sous le mandat britannique.

Le Capitaine d'Infanterie coloniale commandant le cercle réside à Sansané-Mango, ancienne capitale du royaume de Borgou.

La civilisation est encore peu avancée dans les cercles du Nord et l'on retrouve dans ces populations (Cabrais, Mossis, etc.), la même manière de vivre qu'il y a un siècle; leurs occupations et habitudes sont restées intactes, ainsi que leur industrie et leur art.

§ 5. — Chambre de Commerce

Un arrêté, en date du 21 juin 1921, a prévu l'institution d'une Chambre de commerce intitulée « Chambre de commerce de Lomé » et dont la circonscription comprend l'ensemble des territoires du Togo placés sous l'autorité de la France.

Cette Chambre de commerce est composée de douze membres titulaires élus par un collège électoral et répartie ainsi qu'il suit:

1° Six membres citoyens français élus par des commerçants français patentés (somme globale : 500 francs);

2° Quatre membres de nationalité étrangère (européenne ou assimilée) élus par des commerçants étrangers patentés (somme globale : 500 francs);

3° Deux membres indigènes originaires du Togo ou des possessions européennes de la Côte occidentale d'Afrique, élus par des commerçants indigènes patentés (somme globale: 125 francs).

Les élections ont lieu chaque année dans le courant du mois d'avril, après approbation de la liste électorale par le Commissaire de la République.

Les membres, élus pour un an et entrant en fonction le 1er mai, choisissent entre eux un président, un vice-président et un trésorier; le président et le trésorier sont choisis exclusivement parmi les membres français.

La Chambre de commerce de Lomé a un rôle consultatif auprès des pouvoirs publics pour ce qui concerne la prospérité industrielle et commerciale du Togo.

Ses ressources comprendront les centimes additionnels aux impôts des patentes et des licences, les taxes additionnelles à l'entrée et à la sortie, les dons, legs et subventions qu'elle pourra recevoir éventuellement.

En fait, cette Chambre de commerce est d'institution trop récente pour que l'on puisse parler de ses projets et travaux et des services rendus.

§ 6. — Superficie. — Population

La Colonie allemande du Togo d'avant 1914 avait une superficie de 87.400 kilomètres carrés ; les territoires actuellement placés sous le mandat français ont une superficie de 52.000 kilomètres carrés, soit les quatre septièmes des anciens territoires.

Le tableau suivant permettra de se rendre compte de la population telle qu'elle était en 1913, d'après les renseignements publiés dans l'Annuaire des Colonies allemandes, et telle qu'elle est en 1921, d'après les derniers recensements effectués :

CERCLES	POPULATION EUROPÉENNE		POPULATION INDIGÈNE	
	1913	1921	1913	1921
Lomé-ville.	186	159	7.078	9.361
Lomé-banlieue.	7	—	136.400	98.784
Anécho	33	15	123.237	112.020
Kluto (Misahohé). . .	84	8	140.000	34.200
Atakpamé.	45	18	80.000	65.158
Kété-Kratschi	2	—	20.000	—
Sokodé-Bassari . . .	5	6	300.000	233.932
Sansané-Mango	6	4	225.000	119.321
Totaux.	366	210	1.031.715	672.887
Densité moyenne par kilomètres carrés . .			11,58	12,95

C'est dans les cercles d'Anécho et de Lomé que la population est la plus dense et dépasse de beaucoup les densités des populations africaines; le cercle le moins dense (Atakpamé) contient 5 habitants au kilomètre carré, tandis que celui d'Anécho en contient 45.

Nuatja.

CHAPITRE V

MOYENS DE TRANSPORT ET DE COMMUNICATION

§ 1. — Navigation maritime

La Côte occidentale d'Afrique est desservie par les courriers de
la Compagnie des Chargeurs-Réunis, les départs ayant lieu de
Bordeaux tous les vingt-huit jours; Lomé est devenue une station
obligatoire depuis janvier 1921. Le Togo est donc à seize jours
de la France.

De plus, les voyageurs peuvent emprunter la voie Accra-Liver-
pool desservie par les courriers anglais de la Compagnie Elder
Dempster dont les départs ont lieu tous les quatorze jours; un
service d'automobiles et de pirogues reliant Lomé et Accra a
été créé dans ce but.

Enfin, les relations maritimes sur la côte sont assurées par
deux caboteurs faisant le service Lagos-Lomé-Accra-Seccondée.

En dehors de ces courriers réguliers, les cargos faisant le service de la Côte occidentale d'Afrique prennent quelques voyageurs de et pour la France ou l'étranger. Parmi ces Compagnies,
on peut citer :

Compagnies françaises. — Compagnie des Chargeurs-Réunis,
Société Navale de l'Ouest, Compagnie Cyprien-Fabre, Compagnie
Fraissinet.

Compagnies étrangères. — Compagnie Elder Dempster, Hol-
land West-Africa Line.

De plus, des vapeurs américains et scandinaves visitent la côte
de façon intermittente.

Les vapeurs allemands (Compagnie Woermann et autres) bat-
tant pavillon allemand ne peuvent débarquer aucun voyageur à
Lomé, ainsi que dans toutes les anciennes colonies allemandes.

La valeur moyenne du fret varie de 60 francs à 120 francs
la tonne.

§ 2. — Wharf

Le whárf de Lomé fut construit en 1903 et ouvert au trafic le 27 janvier 1904; mais étant donné sa construction spéciale (pylônes de ciment armé s'appuyant sur trois pieux inclinés à 30°), il s'effondra le 17 mai 1911 sur une longueur de 180 mètres; reconstruit et consolidé, il fut de nouveau ouvert à la circulation le 1ᵉʳ novembre 1912. Il est long de 300 mètres et dirigé perpendiculairement à la côte; deux voies ferrées mènent à la plate-forme d'embarquement; trois grues (une de 6 tonnes, deux de 3 tonnes effectuent le transbordement dans les boats; ceux-ci sont au nombre de 12 et peuvent porter de 3 à 5 tonnes, ce qui permet de débarquer ou d'embarquer jusqu'à 300 tonnes par jour. L'alimentation des steamers en eau ou en charbon peut se faire exceptionnellement.

Le wharf travaille, en règle générale, de 6 à 12 heures et de 14 à 18 heures; les travaux divers peuvent se poursuivre pendant la nuit pour les courriers, si l'état de la mer le permet.

Le wharf ne possède pas de phare; sa position est signalée par le feu fixe rouge d'une lanterne à lentille grossistante située à 10 mètres au-dessus du niveau de la mer (marée haute). La profondeur de la mer est de 8 mètres à l'extrémité du wharf, la hauteur de marée étant de 1ᵐ50.

Il n'existe ni bassin, ni môle.

§ 3. — Navigation intérieure

Cette navigation est limitée aux pirogues indigènes à fond plat, le besoin de chaloupes à vapeur ne se faisant pas sentir sur la lagune. D'autre part, la profondeur des cours d'eau étant très variable suivant les endroits et surtout suivant l'époque de l'année, seules, les pirogues à fond plat peuvent circuler sur les cours d'eau de l'intérieur.

§ 4. — Chemins de fer

Lomé est le centre du réseau ferroviaire du Togo; trois lignes s'en détachent, se dirigeant vers les chefs-lieux de trois cercles voisins :

La ligne Lomé-Anécho (43 kilom.) longeant la côte inaugurée le 18 juillet 1905;

La ligne Lomé-Palimé (110 kilom.) terminée et inaugurée le 27 janvier 1907;

La ligne Lomé-Atakpamé (167 kilom.) terminée en 1909.

Lomé. — La Gare. (Arrivée du train d'Anécho).

Les départs sur ces lignes ont lieu plusieurs fois par semaine, ainsi que le montrent les horaires annexés (pages 61 et 62).

Plusieurs projets sont actuellement à l'étude, entre autres :

1° L'établissement d'une voie ferrée permettant le raccordement des réseaux du Togo et du Dahomey et des communications directes entre ces deux pays;

2° Le prolongement de la ligne d'Atakpamé jusqu'à Sokodé et même jusqu'à Banjeli, ce qui faciliterait l'exploitation des minerais de cette région;

3° L'établissement d'un « Chemin de fer de l'huile » traversant la riche région du Mono et facilitant l'exportation des produits de cette région et aboutissant soit à Lomé, soit à Anécho.

Le matériel usagé, à peine entretenu depuis 1914, est en voie de reconstitution; l'achat de deux locomotives est prévu pour 1922.

Le Budget spécial du chemin de fer et du wharf, distinct du Budget général du Togo, s'élève à 4.100.000 francs.

Le tableau annexé donne le tarif des transports du chemin de fer et du wharf.

CHEMIN DE FER DU TOGO

HORAIRE DE LA LIGNE DE LOMÉ A ATAKPAMÉ
(Lire de haut en bas à la *montée* et de bas en haut à la *descente*)

| MONTÉE | | | | GARES | Distances | DESCENTE | |
| Train N° 121 (Lundi) | | Train N° 21 (Jeudi) | | | | Train N° 22 Mardi et Vendredi | |
Arrivée	Départ	Arrivée	Départ			Arrivée	Départ
—	7 00	—	9 00	Lomé..	0.000	15 03	—
7 26	7 28	9 26	9 28	Aguevé	10.510	14 39	14 41
7 45	7 55	9 45	9 55	Togblekovhé	17.250	14 16	14 26
8 24	8 25	10 24	10 25	Dawié	29.120	13 48	13 49
8 38	8 53	10 38	10 53	Tsewié	34.250	13 21	13 36
9 20	9 21	11 20	11 21	Kolokovhé	47.420	13 51	12 52
9 29	9 39	11 29	11 39	Lilikovhé	51.000	12 32	12 42
10 02	10 03	12 02	12 03	Ganikohvé	60.590	12 09	12 10
10 11	10 21	12 11	12 21	Agbeluvhoé	63.760	11 54	12 01
10 35	10 45	12 35	12 40	Gamé	70.590	11 34	11 36
10 54	11 09	12 54	13 09	Amakpavhé	77.380	11 04	11 16
11 27	11 28	13 27	13 28	Kpellé	86.160	10 40	10 41
11 49	11 59	13 49	13 59	Nuatja	96.520	10 07	10 17
12 13	12 23	14 13	14 23	Jotto W	101.400	9 43	9 53
12 39	12 40	14 39	14 40	Agbatitoe	110.970	9 25	9 26
13 07	13 17	15 07	15 17	Chra	124.360	8 46	8 56
13 44	13 45	15 44	15 45	Glei	137.630	8 16	8 17
13 56	13 58	15 56	15 58	Amu-River	143.800	8 04	8 03
14 07	14 08	16 07	16 08	Amutchu	147.330	7 49	7 50
14 20	14 21	16 20	16 21	Dadja	153.300	7 34	7 35
14 29	14 30	16 29	16 30	Aveté	157.330	7 24	7 25
14 41	14 44	16 41	16 44	Agbonu	162.530	7 09	7 12
15 00	—	17 00		Atakpamé	167.000	—	7 00

HORAIRE DE LA LIGNE DE LOME A PALIME

(Lire de haut en bas à la *montée* et de bas en haut à la *descente*)

MONTÉE				GARES	Distances	DESCENTE	
Train Nº 111 (Lundi)		Train Nº 11 (Jeudi)				Train Nº 22 Mardi et Vendredi	
Arrivée	Départ	Arrivée	Départ			Arrivée	Départ
—	8 00	—	9 30	Lomé...	0.000	13 41	—
8 50	8 52	10 20	10 22	Sangera...............	16.700	13 05	13 07
9 07	9 09	10 37	10 39	Akepé.................	23.8'0	12 48	12 50
9 15	9 25	10 45	10 55	Noepé.................	26.710	12 32	12 42
9 42	9 44	11 12	11 14	Bagbé.................	34.960	12 13	12 15
10 01	10 16	11 31	11 46	Badja......	43.360	11 38	11 48
10 29	10 31	11 51	12 01	Kewé	49.640	11 23	11 25
10 37	10 47	12 08	12 18	Assahun (Gare)........	52.740	11 05	11 16
10 51	11 01	12 22	12 34	Assahum W............	54.460	10 52	11 02
11 24	11 27	12 55	12 58	Towega................	65.620	10 26	10 29
11 52	11 54	13 23	13 25	Amussukóvhé..........	77.950	9 59	10 01
12 06	12 16	13 37	13 47	Glekovhé	83.850	9 32	9 47
12 36	12 41	14 07	14 12	Toko-Plant............	93.590	9 07	9 12
12 49	12 51	14 20	14 22	Gadja.............	97.640	8 57	8 59
13 12	13 17	14 42	14 48	Aju.	104.420	8 38	8 43
13 36	13 38	15 07	15 09	Agbessia	113.760	8 13	8 15
14 05	—	15 50	—	Pa imé	118.8'0	—	8 00

HORAIRE DE LA LIGNE DE LOME A ANECHO

(Lire de haut en bas à la *montée* et de bas en haut à la *descente*)

MONTÉE				GARES	Distances	DESCENTE			
Train Nº 1		Train Nº 3				Train Nº 2		Train Nº 4	
Arrivée	Départ	Arrivée	Départ			Arrivée	Départ	Arrivée	Départ
—	16 00	—	15 30	Lomé.............	0 000	8 35	—	10 05	—
16 07	16 07	15 37	15 37	Gross-Be.............	3.160	8 22	8 22	9 52	9 52
16 20	16 21	15 50	15 51	Kainkovhé........	9.660	8 09	8 10	9 39	9 40
16 28	16 38	15 58	16 08	Bagida W..........	12.830	7 53	8 02	9 23	9 32
16 47	16 49	16 17	16 19	Vor. Bagida........	17.210	7 43	7 44	9 13	9 14
17 02	17 04	16 32	16 34	Messakplaka......	23.33'	7 29	7 30	8 59	9 00
17 18	17 33	16 48	17 03	Porto-Seguro	30.310	7 00	7 15	8 30	8 45
17 39	17 42	17 09	17 12	Kpemâ	32.210	6 52	6 54	8 22	8 24
17 48	17 50	17 18	17 20	Gumkovhé.........	36.260	6 45	6 46	8 15	8 16
18 05	—	17 35	—	Anécho	43.4 0	—	6 30	—	8 00

NOTA : Les Trains nº 1 et nº 4 ont lieu tous les samedis.

Les Trains nº 2 et nº 3 ont lieu tous les jours à l'exception du samedi et dimanche.

Palimé. — Panorama. La Gare. (Au fond, la Montagne de l'Agou).

TARIF DU CHEMIN DE FER

Nature du transport	Prix du transport
1° Voyageurs, par voyageur et par kilomètre :	
1re classe	0 24
2e classe	0 12
3e classe	0 06
2° Bagages, par 100 kilos et par kilomètre	0 12
3° Marchandises :	
a) Tarif général, par tonne et par kilomètre :	
Expédition de détail :	
Classe A	1 52
Classe B	0 60
Expédition par wagon complet :	
Catég. 1	1 »
Catég. 2	0 80
Catég. 3	0 40
Catég. 4	0 20
a) Tarifs spéciaux :	
N° 1. Ivoire caoutchouc par tonne et par kilomètre..	1 60
N° 2. Huile de palme par tonne et par kilomètre....	0 72
Prix maximum jusqu'à 120 kilomètres	65 60
— au delà de 120 kilomètres...	75 »
N° 3. Kapok, coton brut et égrené, coton pressé, palmistes :	
Par tonne et par kilomètre	0 36
Prix maximum par tonne	52 50
N° 4. Graines de coton et de kapok :	
Par tonne et par kilomètre	0 20
Prix maximum jusqu'à 120 kilomètres	20 80
— au delà de 120 kilomètres..	25 »
N° 5. Haricots, arachides, maïs, riz :	
Par tonne et par kilomètre	0 40
Prix maximum par tonne jusqu'à 120 kilomètres	16 65
Prix maximum par tonne au delà de 120 kilomètres	18 30
N° 6. Bois de pays en grumes ou équarris, bois de chauffage :	
Par tonne et par kilomètre	0 20
Prix maximum par tonne jusqu'à 120 kilomètres	10 40
Prix maximum par tonne au delà de 120 kilomètres	11 55
N° 7. Graviers, cailloux ;	
Par groupe de 6 wagons, par tonne et par kilomètre	0 10

Nature du transport	Prix du transport
Nº 8. Spiritueux comme détail ou wagon complet :	
Par tonne et par kilomètre....................	1 75
Nº 9. Eau de Misahohe comme détail ou wagon complet :	
Par tonne et par kilomètre....................	0 20
Marchandises ne subissant qu'une majoration de 25 % :	
Cotonnades et étoffes de toutes sortes, détail......	0 80
Par tonne et par kilomètre................	1 75
Sels en sacs, farine de manioc, ignames, poisson autre qu'en boîtes, détail......................	0 45
Par tonne et par kilomètre, wagon complet..	0 75

TARIF DU WHARF

1º Passagers :

a) Pour un voyage aller ou retour : Européens........	5 60
— Indigènes........	2 80
b) Abonnements de 6 mois : Européens............	75 »
— Indigènes............	37 50
c) Tickets d'accès d'entrée au wharf..............	7 50
Abonnements de 6 mois......................	9 35

2º Bagages :

Par personne et par groupe de 5 colis.........	3 75

3º Chiens : mêmes tarifs que pour les animaux.

4º Marchandises :

a) Machines et engins mécaniques pour travaux, installations industrielles et agricoles :

Transports postaux par tonne...............	11 25

b) Autres marchandises, sauf celles désignées ci-après :

Par tonne	20 80

c) Tarifs spéciaux :

Nº 1. Importation : sel par tonne..............	18 75
Exportation : palmistes par tonne........	18 75
Nº 2. Exportation : huile de palme, cacao, coton, coprah, sisal par tonne..............	20 »

5º Transports d'argent. Importation : Il sera perçu 1,5 % de la valeur.

6º Animaux vivants :

Gros bétail..................................	11 25
Petit bétail..................................	1 75
Volaille	0 10

ROUTES

En dehors des innombrables sentiers et pistes seulement praticables pour les piétons, il existe au Togo un réseau de routes récemment élargies et refaites :

1º La route Lomé-Kita-Accra ne se trouve en zone française que

Graphique N° 8

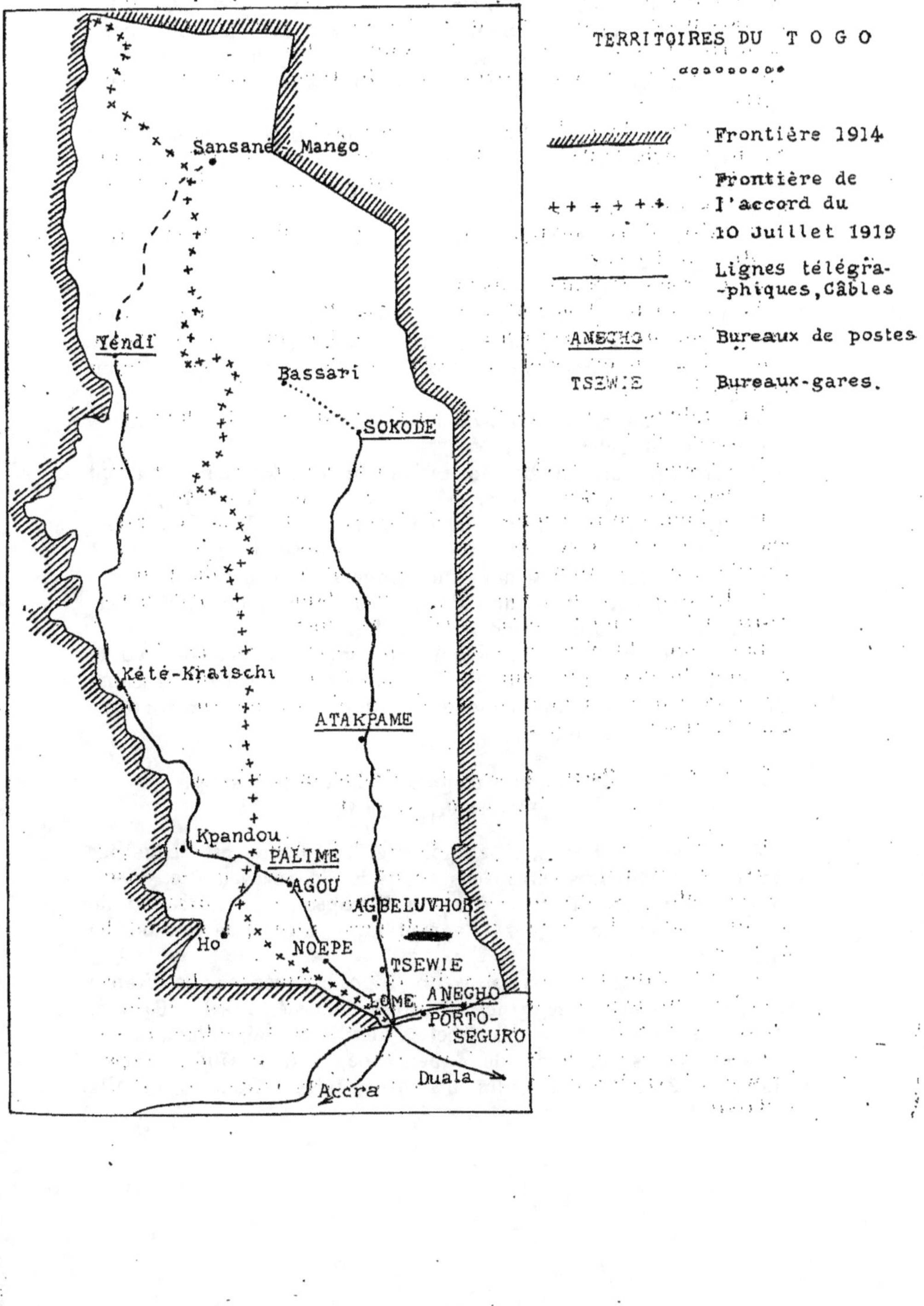

sur un parcours de 5 kilomètres. C'est une voie très fréquentée en raison des relations commerciales suivies avec la Gold-Coast; la partie de cette Colonie se trouvant à l'Est de la Volta peut être considérée comme faisant partie du Togo, commercialement parlant;

2° La route Lomé-Palimé se poursuivant en zone anglaise vers Kpandu, Kété-Kratschi et Yendi; cette route, parcourant un terrain très accidenté, vient d'être complètement refaite dans la zone française.

Il existe deux embranchements, l'un se dirigeant vers Ho, l'autre sur Tséwié;

3° La route Palimé-Atakpamé;

4° La route Lomé-Atakpamé-Sodoké-Bassari-Sansané-Mango-Ouagadougou, qui permettra, une fois terminée, de traverser tout le Togo en automobile et d'atteindre Dakar par Ouagadougou et Bamako.

Un embranchement part de Ñuatjä pour atteindre les usines de Sagada et Tététu ;

5° Un autre embranchement se détache à 13 kilomètres au Sud de Nuatja pour gagner Anécho, en passant par Tabligbo;

6° Tokpli, centre commercial de la région du Mono, est rattaché, d'une part, à la route précédente, d'autre part, est relié à Anécho par deux routes dont une longeant le cours du Mono;

7° La route Anécho-Grand Popo permettant la circulation terrestre et les communications avec le Dahomey.

Les routes du Togo nécessitent un entretien constant, vu la rapidité du développement de la végétation et surtout à cause des affaissements et ravinements se produisant, notamment pendant la saison des pluies.

<h3 align="center">§ 5. — Postes, Télégraphes, Téléphones, Câbles,
Télégraphie sans fil</h3>

Le service des Postes, Télégraphes et Téléphones est dirigé par deux fonctionnaires européens, assistés de receveurs et d'employés indigènes; d'autre part, un Européen a la direction de la surveillance des lignes télégraphiques, ainsi que de tout le matériel.

Il existe dans les territoires du Togo occupés par la France cinq bureaux de postes principaux situés à Lomé, Anécho, Palimé, Atakpamé et Sokodé, et six recettes auxiliaires dépendant de ses bureaux situés aux gares de Agbeluvhoé, Agu, Assahun, Noépé, Tséwié et Porto-Seguro; enfin, un bureau téléphonique est installé à Bassari.

Ces bureaux ont leurs occupations limitées comme il suit ·

Lomé			
Anécho.................	P.T.t.	V.D.	C.R.
Atakpamé	C.V.D.	M. M.M.	R.B.
Palimé			
Sokodé	P.T.t.	C.R.	R.B.
Agbéluvhoé			
Agu			
Assahun		P.T.t.	
Noépé		(bureaux-gares)	
Tséwié .,...............			
Porto-Seguro			

P. : Poste : Correspondances postales ordinaires et recommandées.

T. : Télégraphie officielle et privée.

t. : Téléphonie officielle et privée.

V.D. : Lettres et boîtes valeur déclarée. Maximum : 10.000 fr.

C.R. : Colis ordinaires et contre remboursement. Maximum : 5oo francs.

C.V.D. : Colis postaux valeur déclarée. Maximum : 5oo francs.

M. : Mandats-poste et télégraphiques locaux. Maximum 5oo francs.

M.M. : Mandats-poste métropolitains. Maximum : 5oo francs.

R.B. : Envois contre remboursements métropolitains, Maximum : 5oo francs.

Les relations postales dans l'intérieur du Togo se font par le chemin de fer sur les deux lignes de pénétration, le transport des colis et de la correspondance se poursuit par automobiles ou par des piétons.

Les relations avec le Dahomey se font par deux piétons partant d'Anécho et de Segboroué.

Les relations avec la Gold-Coast sont assurées par un service d'automobiles effectuant trois fois par semaine le trajet Lomé-Accra et retour.

Ce même service d'automobiles assure la correspondance avec les courriers d'Angleterre (trois départs par mois).

Les courriers français (Cie des Chargeurs Réunis), se succédant tous les vingt-huit jours, prennent la correspondance et les colis de et pour la France.

Le réseau télégraphique et téléphonique comprend trois lignes principales :

1° La ligne Lomé-Anécho;

2° La ligne Lomé-Palimé, avec embranchement vers Ho;

3° La ligne Lomé-Atakpamé-Sokodé, prolongée par une ligne téléphonique allant à Bassari.

L'ancienne ligne allemande allant de Palimé à Sansanné-Mango par Kpandu, Kété-Kratschi et Yendi, située aujourd'hui presque complètement en zone anglaise, n'est plus exploitée.

Toutes ces lignes, actuellement insuffisantes et en mauvais état, seront remplacées et doublées, vu le nombre de communications; la ligne d'Anécho notamment est surchargée, d'où retard dans les communications.

CABLES

Le câble allemand Monrovia-Lomé-Duala établi par la Compagnie *Deutsch-Sud-Amerikanische-Telegraphen-Gesellschaft* et dont l'inauguration eut lieu le 20 janvier 1913, fut coupé au début de la guerre en deux endroits : au large de Monrovia, puis au large d'Accra ; afin d'établir un réseau Lomé-Accra, les autorités anglaises firent ensuite relier les deux câbles à Lomé et abandonnèrent cette station, les communications étant transmises directement de Duala à Accra.

La station de Lomé fut rouverte en mai 1921 à la suite d'une rupture du câble entre Lomé et Accra. Les communications directes entre Duala et Lomé furent reprises dès le 23 mai et, depuis ce jour, les télégrammes sont acheminés par cette voie; Lomé est donc relié à la Métropole par la voie Cotonou-Grand-Bassam-Conakry-Dakar d'une part, et par la voie anglaise (Accra-Monrovia) d'autre part.

TÉLÉGRAPHIE SANS FIL

Deux stations de Télégraphie sans fil avaient été établies du temps de la domination allemande :

Kamina (près d'Atakpamé), station très puissante, qui parlait sur de grandes longueurs d'ondes et pouvait communiquer directement de nuit avec les postes allemands (Nauen) et avec les navires allant en Sud-Amérique.

Cette station fut détruite par les Allemands au début des hostilités, une explosion et un incendie anéantirent pylônes, appareils, etc., le matériel restant fut brisé.

Tosblekovhé, situé sur la ligne d'Atakpamé, à 18 kilomètres de la mer; ce poste, beaucoup plus faible que celui de Kamina, devait servir aux communications sur petites longueurs d'ondes avec les bâtiments en mer ainsi qu'avec Duala.

CHAPITRE VI

RESSOURCES ECONOMIQUES

§ 1. — Commerce

Le commerce au Togo s'est élevé en 1920 à la somme totale
de 52.184.045 francs, se décomposant ainsi :

Importation	....	26.111.670
Exportation	....	26.072.375
Total	....	52.184.045

Le tableau suivant permettra de se rendre compte du développement du commerce du Togo depuis 1902 :

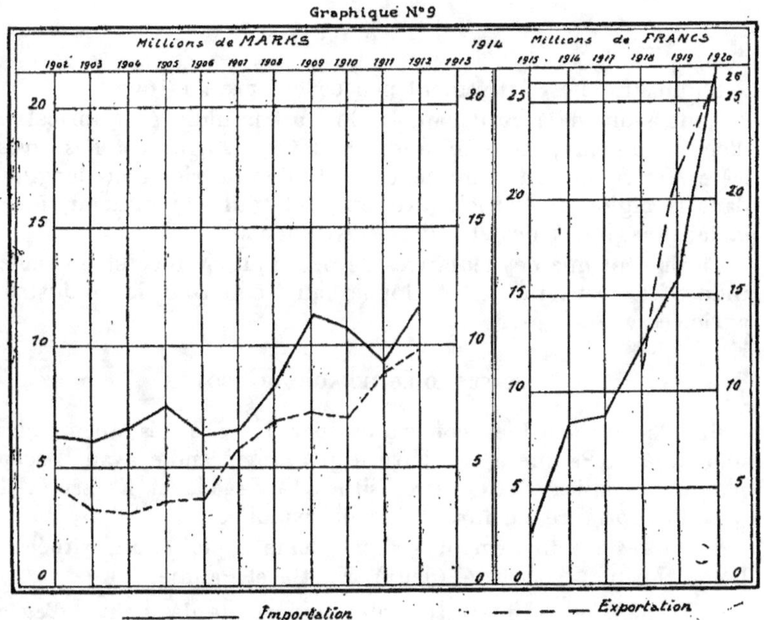

Le port de Lomé est visité par les courriers et cargos de la Côte d'Afrique (en moyenne 20 par mois); ce sont pour la plupart des vapeurs français et anglais.

Parmi les principales marchandises importées, on peut citer :

Tissus de coton (provenant de Manchester);

Boissons diverses;

Pétrole, sels, tabac, produits alimentaires, etc.

Les principales marchandises exportées sont les suivantes :

Amandes de palmes.............	Kilos	10.398.810
Huile de palmes................	—	2.991.595
Cacao	—	2.626.660
Maïs	—	563.791
Coton égréné...................	—	987.242
Sisal	—	274.900
Coprah	—	607.524

La crise économique qui sévit actuellement dans tous les pays est également sensible pour le Togo et, pendant l'année 1921, les importations et exportations ont forcément fléchi.

§ 2. — Industrie

L'industrie est relativement peu développée au Togo.

Nous avons déjà vu (Chap. II) l'industrie indigène (fabrication d'objets d'ivoire, de cuivre et de bois, tissage d'étoffes grossières, etc.) et un commencement d'industrie métallurgique dans la région de Banjeli (extraction et traite du minerai, forge et façonnage d'armes et autres instruments).

Ce ne sont que des tentatives de peu d'importance et les seules industries ayant pu se développer au Togo sont les industries agricoles.

1.° USINES D'ÉGRENAGE DU COTON

Sur les neuf usines construites par les Sociétés allemandes, une située à Palimé a été détruite par un incendie avant l'occupation des alliés; deux autres situées à Sagada et Kpessi et de peu d'importance ne furent jamais exploitées.

Il en reste actuellement six en pleine exploitation, situées à Lomé, Kpémé, Atakpamé (deux), Nuatjá et Palimé.

a) Lomé. Cette usine est la plus importante des usines d'égrenage du Togo, elle est située tout près de la gare, ce qui facilite

Nord du Togo. — Forgerons à Naparba.

les transactions ; elle fut construite par la *Togo Baumwoll Ge-sellschaft* et est exploitée actuellement par la maison Swanzy ; une machine à vapeur d'une force de 4o HP, deux égreneuses de fabrication américaine et une presse hydraulique permettent d'égrener, presser et emballer de 2.100 à 2.400 kilos de coton par jour (huit heures de travail), soit sept à huit balles;

b) L'usine de Kpémé construite par la *Kpémé-Plantagen Gesellschaft* (K.P.G.) n'est qu'une usine secondaire et de peu d'importance faisant partie des plantations de Kpémé actuellement exploitées par M. A. Lecomte;

c) Atakpamé a deux usines : l'une, construite par la firme *Deutsche Togo Gesellschaft* et exploitée par M. Carbou depuis 1916, possède deux égreneuses et une presse hydraulique, permettant un rendement de huit à dix balles par jour; l'autre, moins importante, ancienne propriété de la T.B.G., louée à la maison Swanzy, obtient un rendement de deux à trois balles;

d) Nuatjä a une usine faisant partie de l'ancienne station agricole du Gouvernement, occupée par M. Carbou, est également importante : le rendement de cette usine atteint huit à dix balles par jour;

e) Palimé a une petite usine établie par la T.B.G. et exploitée par la maison Swanzy obtient un rendement de deux à trois balles.

2° USINE A TRAITER LES PALMISTES

a) Usine d'Agon. Les machines sont anciennes et d'un rendement imparfait, mais en bon état de marche. Cette usine est louée ainsi que toute la plantation à la Société Française du Togo;

b) L'usine de Lomé, terminée en 1914 par la Société *Togo Palmolwerk Gesellschaft*, par conséquent neuve, est louée à la maison Swanzy;

c) L'usine de Batonou, située sur la Mono, au centre de la région de palmiers à huile, fut construite par la D.W.H. trop près de la rivière, si bien que les bâtiments sont inondés chaque année par l'inondation. Le matériel a été retiré pour sa bonne conservation.

3° USINES A SISAL

a) L'usine la plus importante est située dans la plantation de Togo (ex-*Togo Pflanzung Gesellschaft*) au Sud de la plantation d'Agou. Le tableau suivant montre les quantités traitées depuis 1916 :

NOMENCLATURE	1916	1917	19.8	1919	1920 (3° Trim.)	1-10-20 au 1-4-21
Sisal, 1ʳᵉ qualité, kilos.......	28.548	169.908	326.608	326 349	240.712	199 000
— 2ᵉ — kilos.......	1.825	5.910	10.7;7	5.910	7.002	10.286

b) Une usine est installée dans la plantation de Kpémé mais son installation est assez rudimentaire;

c) Une troisième usine appartenant à la mission catholique est située dans la localité de Togo sur la rive Nord de la lagune en face de Porto-Seguro; de ce fait les communications et transports sont difficiles et coûteux; cette usine n'est d'ailleurs pas exploitée.

En couclusion, l'industrie agricole seule est florissante et peut croître encore.

Le développement de l'industrie métallurgique ne pourra commencer dans la région de Banjeli que du jour où les communications par chemin de fer seront établies entre cette région et la côte.

§-3. — **Production du sol**

Les zones de culture sont les suivantes :

a) Zone côtière plantée de cocotiers;

b) Zone centrale plantée de céréales, palmiers à huile, coton, en dehors des endroits cultivés et habités, c'est la savane;

c) Zone du Nord composée surtout de pâturages et de forêts, plantée de coton, de tabac et de kapok ; dans cette zone la savane est remplacée par la steppe peu différente de la steppe tropicale africaine.

1° LE PALMIER-COCOTIER (*Cocos nucifera*)

Est cultivé surtout dans la région de Lomé et de Kpémé ainsi que dans la vallée du Mono. La plantation de Kpémé (anciennement *Kpeme-Plantagen-Gesselschaft*) est actuellement aux mains de la maison A. Lecomte, celle de Bagida est exploitée par M. Gasparin, les autres plantations sont exploitées par de riches indigènes.

	SUPERFICIE		PRODUCTION	
Kpémé	450 hectares		150 tonnes de coprah.	
Bagida	175	—	50	—
Bé	20	—	10	—

Le traitement du coprah se fait de deux manières :

a) *Méthode européenne*. — Plantations de Kpémé et Bagida.

Les noix de coco sont ramassées à terre et mises en tas dans un endroit choisi d'avance et bien exposé au soleil.

Dès que les tas sont assez nombreux pour laisser prévoir une coupe d'une dizaine de tonnes (5 à 6.000 noix par tonne) la coupe commence.

L'opération se fait de la façon suivante : la noix est posée sur un billot en bois par un aide et le coupeur la fend en deux d'un coup de hache.

La noix fendue est ensuite transportée un peu plus loin où elle est ouverte complètement de façon à exposer la pulpe au soleil.

Les noix ouvertes restent ainsi exposées au moins sept à huit heures. Cette première dessiccation provoque une rétraction de la pulpe qui permet de la séparer facilement de la coque ligneuse.

Si l'opération n'a pu être terminée avant la nuit, les noix ouvertes sont tournées face à terre pour que l'humidité de la nuit n'altère pas la pulpe.

La pulpe détachée est transportée en sacs au séchoir cimenté (d'une contenance d'environ dix tonnes) sur lequel elle est étendue en couche simple exposée au soleil pendant dix à douze jours. Pendant cette période on la remue au moins une fois par jour pour que la dessiccation soit uniforme. Avant la nuit un bâtis spécial à faible hauteur permet de bâcher pour éviter l'humidité.

La dessiccation terminée le coprah est mis en sacs de 100 kilos et est prêt pour l'exportation.

b) *Méthode indigène*. — Mêmes procédés, sauf pour le séchoir. Les indigènes, faute de moyens, se contentent de dessécher la pulpe en l'exposant au soleil en couche mince sur des nattes autour de leurs cases. Ils la rentrent la nuit.

L'exportation du coprah a décuplé en six ans; elle est passée de 163 tonnes, en 1913, à 1.923 tonnes, en 1919 et le chiffre de 3.000 tonnes sera atteint dans quelques années.

2° LE PALMIER A HUILE (*Elœis guineensis*)

La zone de culture commence à 50 kilomètres de la côte Est est particulièrement développée, d'une part, dans la région du Mono avoisinant Tokpli, d'autre part, dans l'Agotimé, où la Société Française du Togo exploite des plantations très étendues de palmiers avec des usines pour la fabrication de l'huile.

Le vin de palme, très apprécié des indigènes, se trouve sur

tous les marchés; malheureusement la traite des palmiers est souvent mal faite; les indigènes n'hésitent pas, en effet, à abattre l'arbre au lieu de pratiquer des saignées par où se produirait l'écoulement pendant une période de quinze jours.

L'Administration fait tous ses efforts pour arrêter cette pratique néfaste.

En 1920, l'exportation d'huile de palme a atteint 3.000 tonnes environ.

3° LE CACAO

Considérations générales. — Le cacaoyer (*Theobroma cacao*) trouve dans la région montagneuse de l'Agotimé (Palimé, Agu, Klouto) le terrain de culture approprié. La contrée est chaude et humide et la température moyenne est au moins de 24° et ne descend guère au-dessous de 10°. De plus, la hauteur annuelle des pluies est au minimum de 1^{m}50. L'air y est très humide dans les bas-fonds, il y a de l'ombrage naturel, la terre est riche et meuble, toutes particularités absolument favorables.

Le fruit, vulgairement appelé cabosse, est une baie peu charnue, jaune ou rouge suivant les variétés, ovoïde, de 12 à 20 centimètres de longueur sur 6 à 10 de largeur, marquée de 10 côtes longitudinales plus ou moins saillantes et tuberculeuses. A l'intérieur est une pulpe blanche ou jaunâtre, qui est due à la transformation des cloisons de l'ovaire et qui englobe 20 à 40 graines transversalement disposées à cotylédone épais, à albumen très mince ou nul. Ce sont ces graines qui constituent le cacao de commerce.

Récolte. — La première récolte n'a lieu que vers la cinquième ou sixième année et ce n'est que vers la dixième ou douzième année que l'arbre atteint en général toute sa force et la conserve jusqu'à vingt ou vingt-cinq ans. La plupart des cacaoyères sont épuisées à trente ans. Cela implique donc des pépinières pour le renouvellement des pieds trop âgés.

Le cacaoyer est presque continuellement en fleurs. Il y a cependant, en général, deux principales récoltes par an, l'une, appelée petite récolte, vers le commencement de la saison sèche, c'est-à-dire au mois d'octobre, l'autre plus abondante au mois de janvier jusqu'à la saison des pluies.

Préparation du cacao. — *Méthode européenne*. — *Plantation d'Agu*. — Les cabosses cueillies, transportées près des séchoirs sont aussitôt écossées et les graines extraites soumises à la fermentation pendant six jours.

Aussitôt après la fermentation, les graines sont mises à sécher.

Cacaoyers.

Plantation de cacao d'Agou. — Ouverture des cabosses.

Ce séchage est obtenu par le soleil ou par la chaleur artificielle. Lorsqu'on l'expose au soleil, le cacao est étendu en couches minces sur un parquet posé sur roulettes pour permettre de le rentrer sous un hangar voisin. Les graines sont rentrées le soir. La dessiccation est complète au bout de cinq à six jours.

A Agu, le séchage artificiel est obtenu par un séchoir à air chaud. C'est un hangar fermé de trois côtés, couvert en tôles et dont le parquet est à environ un mètre du sol. Le cacao est séché par un système de tuyautage qui se trouvent sous le parquet.

Après dessiccation les fèves sont triées et mises en sac. La première qualité est mise en sacs de 70 kilos, la deuxième en sacs de 60 kilos.

Méthode indigène. — Les indigènes mettent les cabosses dans l'eau pendant deux à trois jours avant de les écosser. Les graines extraites sont soumises à la fermentation pendant quatre à cinq jours, puis ils les lavent pour les débarrasser des résidus de pulpe et les font sécher au soleil pendant cinq à six jours.

Dans ces deux méthodes, la fermentation a pour but de diminuer la proportion des substances astringentes, et en même temps de débarrasser la graine de la pulpe qui est restée adhérente. Le cacao pendant cette opération passe de sa couleur pourpre naturelle à une couleur chocolat ou canelle.

On reconnaît que la dessiccation complète est atteinte quand la fève casse net sous la dent.

C'est le degré de fermentation et de dessiccation qui fixe la qualité.

L'exportation du cacao est passée de 1912 à 1920 de 335 tonnes à 2.800 tonnes.

4° LE SISAL

Considérations générales. — Le sisal appartient au genre « agave » ou « aloès américain » (ordre des Amaryllidées). Son appellation vient du nom du port du Mexique par où se faisait, à l'origine, la presque totalité de l'exportation de ce produit, lequel est surtout une spécialité de la province de Yucatan.

La variété cultivée au Togo dans les deux plantations européennes de Agu et de Kpémé, l'une à plus de 100 kilomères à l'intérieur, l'autre dans la zone côtière, est la variété dont le nom scientifique est *Agave rigida sisalana*. Cette variété est caractérisée par l'absence des épines latérales, par ses feuilles verdâtres tirant sur le bleu.

C'est la meilleure à cause de la supériorité en qualité, force, longueur et lustre de sa fibre qui ne durcit pas à l'air et dont un brin supporte une tension de trois à quatre kilos.

C'est une plante vivace dont les premières feuilles touchent la terre et les autres se développent graduellement, en port vertical, de dedans en dehors, en rosette rayonnant autour d'une couronne centrale. Chaque plante porte successivement un total de 150 à 200 feuilles, les premières longues à peine de 70 centimètres, les subséquentes atteignent graduellement de 1 à 2 mètres sur une largeur à la base de 8 à 15 centimètres et d'un poids moyen variant de 400 grammes à 1 kilo et même plus. Chaque feuille, disposée en fuseau, est terminée par une forte épine d'un noir presque pourpre.

Le sisal requiert une attente moyenne de quatre ans avant de donner sa première récolte. La durée de sa vie est de dix à douze ans. Vers la fin de son existence, le sisal émet ou dégage de son centre une hampe florale ou tige d'inflorescence, qui atteint rapidement une hauteur de 6 à 10 mètres et au sommet de laquelle se développent de 30 à 35 rameaux, ou branches latérales, longues, vers le centre du panache, de 50 à 60 centimètres, plus courte en dessus et en dessous, et portant une quantité de fleurs d'un vert jaune pâle. Dans la variété *sisalana* les fleurs avortent et tombent, ou bien si quelques-unes arrivent à former leur capsule, les graines qui y sont contenues sont généralement stériles. La reproduction se fait par les rhizomes dont nous parlerons plus loin.

Uutilisation de la fibre. — Toute la fibre exploitée au Togo est exportée, sauf quelques petites quantités dont les indigènes se servent pour faire des ficelles et cordes. La fibre de sisal est propre à plusieurs usages industriels, principalement à la corderie. Elle peut, en outre, être employée pour la fabrication de sacs, de tapis, de hamacs, de toiles grossières, de chapeaux pour dames, de nattes, etc.

Culture. — *Reproduction.* — Dès que les plantes sont bien enracinées, elles commencent à émettre des rhizomes qui s'allongent sous terre et qui, au bout d'un an environ, se mettent à sourdre à différentes distances autour de la plante mère dans un rayon de 30 centimètres à 2 mètres, formant des drageons qui constituent le moyen économique de multiplication et qui permet le remplacement facile des plantes qui meurent ou ne se développent pas naturellement. Il est du reste nécessaire de couper le fil souterrain qui relie le drageon à la plante mère pour que celle-ci ne dépérisse pas.

Climat. — Le sisal demande un terrain sec, de préférence

Plantation de cocotiers de Kpémé. — Extraction de la pulpe après dessiccation.

calcaire et rocailleux, une température élevée, jointe à un minimum de temps pluvieux. Il peut donc être cultivé depuis le niveau de la mer jusqu'à 700 à 800 mètres.

Les pluies trop abondantes sont nuisibles à cause de la reproduction vigoureuse et abondante des broussailles et herbes croissant plus rapidement que le sisal et qui l'étouffent. Il faut en ce cas des travaux continuels de sarclage qui augmentent considérablement les frais d'exploitation.

Les terrains sablonneux marins sont impropres au sisal et cela a été vérifié à la plantation de Kpémé sur les bords de la mer. Le rendement est maigre et pas en rapport avec la surface plantée. Il ne paraît du reste pas avantageux de cultiver le sisal indéfiniment sur le même terrain qui finit par être épuisé, surtout en ce qui concerne les substances minérales nécessaires à cette plante.

Récolte. — Il n'y a point d'époque obligatoire, les feuilles ne se détériorant pas sur la plante. Elle se fait en général un à deux mois après la saison des pluies. Pendant la saison sèche les feuilles contiennent moins de mucilage et par conséquent une plus grande proportion de fibre.

Extraction de la fibre. — a) *Usine de Kpémé.* — A leur arrivée à l'usine, après pesage sur wagonnet, les feuilles fraîchement coupées sont empilées à côté de la machine à broyer à laquelle elles sont présentées. Quand le broyage est accompli d'un côté, on tourne la feuille pour broyer l'autre côté.

La fibre est ensuite immédiatement trempée dans un réservoir plein d'eau où elle reste quelques minutes et rincée soigneusement, puis elle est enlevée et liée avec soin, pour ne pas embrouiller les fils, et portée au séchoir.

La fibre est soumise à l'action du soleil et de l'air étendue sur des bambous fixés à demi-hauteur d'homme. Après deux ou trois heures, les fibres sont retournées pour exposer et faire sécher la partie inférieure. Toutes les fibres défectueuses sont enlevées, ainsi que celles de moins de 90 centimètres, et c'est ce qui constitue la deuxième qualité.

Quand la fibre a atteint le degré convenable de dessiccation au séchoir, on la ramasse, toutes les extrémités dans le même sens, et on la transporte à la brosseuse. Après un brossage sérieux, les fibres sont portées à la presse où elles sont placées longitudinalement et avec soin, les fils droits et sans plis.

Les balles sont en général de 150 à 200 kilos.

Déchet. — Les fibres très courtes forment une matière éminemment propre à la fabrication du papier, surtout du papier d'emballage. Elle peut également être utilisée avec profit sur place, à la place de crin animal, pour le rembourrage des sièges de voitures et de coussins.

b) *Usine de Togo*. — A leur arrivée à l'usine, après pesage sur wagonnet, les feuilles liées en paquets de 10 à 20 sont placées dans l'élévateur; cet élévateur extraie les paquets qui tombent séparés sur un plan incliné où ils sont déliés. Puis les feuilles passent une par une à la défibreuse. Elles passent sous un premier tambour muni de couteaux, qui défibre un côté de la feuille, puis sous un deuxième tambour opposé au premier qui défibre l'autre partie. A leur sortie les fibres sont recueillies, liées en paquets pour éviter la dispersion, jetées dans les bassins de lavage où elles sont soigneusement rincées, portées au séchoir et, après dessiccation complète, mises en balles de 200 kilos net.

L'exportation est passée de 17 tonnes, en 1913, à 413 tonnes, soit une valeur vingt-cinq fois supérieure.

5° LE COTON

Le coton est assurément une des plus grandes cultures du Togo; en dehors des plantations, les indigènes le cultivent couramment; les principales régions de culture sont : Agotimé, les régions d'Atakpamé et de Nuatjä, de Sokodé et de Sansané-Mango.

La culture du coton a été un souci constant pour les Allemands qui se sont attachés à l'améliorer et à la développer; les ouvrages techniques abondent sur les modes de culture et sur la lutte contre les insectes; ils ont même rédigé les dix commandements du « Nègre du Togo cultivateur du coton ».

Dès 1900, le Comité colonial économique allemand envoya une mission au Togo pour y étudier la question de la production cotonnière. Soutenu par le Gouvernement impérial et l'Administration de la Colonie, ce Comité décida d'acheter tout le coton produit par les indigènes et de créer des stations expérimentales qui étudieraient l'amélioration des cultures indigènes et l'introduction d'espèces américaines ou égyptiennes.

Des fermes furent créées dans plusieurs régions du Togo, dont la plus importante était à Towé. Des fermiers noirs américains furent engagés pour faire la culture comme en Amérique. Ils apportèrent leurs outils et les labours étaient exécutés avec des charrues et des bœufs. Mais le bétail ne résista pas aux maladies et ces plantations durent être abandonnées.

En 1902, le Gouvernement fit une plantation à Nuatjä et y créa une école d'agriculture indigène. Les essais y furent con-

Plantation de Togo. — Coupe du Sisal.

Plantation de Togo. — Wagonnets transportant les feuilles de sisal coupées à l'usine.

tinués et les jeunes noirs furent initiés aux méthodes modernes de culture.

Le recrutement de l'école était assuré régulièrement; chaque chef de village envoyait un ou deux jeunes hommes pour faire un stage d'un an à l'école. A la fin de leurs études, les élèves retournaient chez eux; on leur donnait des animaux, une charrue et des terrains pour faire la culture comme ils l'avaient pratiquée à l'école.

Les résultats furent mauvais; les indigènes revenus dans leurs villages reprenaient leurs anciennes habitudes et un grand nombre d'animaux mourait.

En 1912, l'école fut transformée en station expérimentale. A cette époque, le choix de l'espèce à propager était fait. Après dix ans d'essais, les Allemands avaient adopté la culture du *Togo Sea Island* provenant du *gossypium barbadense*. Il s'agissait de l'améliorer par une sélection méthodique. Des crédits importants furent mis à la disposition de cette œuvre et des mesures appropriées décidées pour l'amélioration de la qualité du coton fourni par les indigènes.

Des agents de l'Administration parcouraient les plantations au moment de la floraison et marquaient les plus beaux pieds devant fournir la graine.

Le coton fourni par ces plantes marquées devait être ramassé à part et livré à l'Administration qui le payait au prix du marché. La graine sélectionnée était ensuite distribuée aux planteurs au moment des semailles.

Les mesures édictées par le Gouvernement allemand pour l'amélioration de la qualité de la fibre livrée au Commerce ont été publiées par l'arrêté du 9 janvier 1914. Elles ont été remises en vigueur par l'Administration française, nous croyons intéressant de reproduire ce document en entier ci-dessous :

COLONIE DU TOGO.

OCCUPATION FRANÇAISE

ORDRE GÉNÉRAL N° 15

Attendu qu'il y a lieu d'assurer l'amélioration constante des produits par la sélection des semences délivrées aux indigènes ;

D'assurer une rémunération plus élevée des efforts faits par les producteurs pour améliorer leurs procédés de culture, et présenter à la vente une marchandise de bonne qualité ;

De créer une qualité de coton qui soit constante et qui puisse être classée sur les marchés d'Europe ;

Le Chef de bataillon, Commissaire *p. i.* du Gouvernement de la République, Chevalier de la Légion d'honneur,

Ordonne :

Les mesures édictées par l'arrêté du Gouvernement allemand du 9 janvier 1914 seront remises en vigueur.

Article premier. — Pour l'achat et la vente, les cotons seront classés en deux qualités : première qualité, comprenant le coton propre, pur de tout mélange ; deuxième qualité, sale, taché ou corrompu par les insectes.

Art. 2. — La séparation des deux qualités sera effectuée avant la vente ; il est interdit d'acheter ou de vendre du coton classé autrement que ci-dessus. Les acheteurs devront loger séparément les deux qualités et les usines d'égrenage les presser séparément.

Art. 3. — Seuls, les acheteurs munis d'une autorisation spéciale, par l'Administration du cercle, peuvent acheter du coton ; cette autorisation pourra être retirée au titulaire en cas d'abus.

Art. 4. — Il est interdit à l'acheteur de verser le coton sur la terre nue ; le coton devra toujours être protégé du contact du sol par un plancher, une aire cimentée, des nattes ou des bâches suffisamment grandes.

Art. 5. — Les agents employés pour la mise en sac doivent avoir leurs bâtons parfaitement lisses et d'un diamètre d'au moins huit centimètres pour éviter l'écrasement des graines et les taches d'huile.

Art. 6. — Les semences de coton sélectionnées seront remises aux indigènes par les soins de l'Administration.

Art. 7. — Le Gouvernement aura le droit de réquisitionner certaines semences de qualité-supérieure et de les remplacer par une quantité de graines d'une autre provenance ; les frais causés par cet échange seront à la charge du Gouvernement.

Art. 8. — Les agents désignés pour le contrôle auront la surveillance de l'achat et de l'égrenage ; ils auront le droit de visiter les lieux et pièces où on achète le coton, ainsi que les usines, pendant les heures de travail.

Art. 9. — Les contraventions au présent ordre seront passibles d'une amende de 50 à 300 francs pour les contrevenants européens et des peines disciplinaires pour les contrevenants indigènes.

Art. 10. — Les dispositions du présent ordre entreront en vigueur le 15 janvier 1918.

Le coton, produit qui était peu estimé au début sur les marchés européens, surtout à cause des taches et des impuretés qui le dépréciaient, se vend actuellement sans aucune difficulté. Il pourra bientôt rivaliser comme qualité avec les bonnes sortes américaines. Il n'y aura alors aucune raison pour que le Commerce continue à le payer moins cher que les cotons d'autres provenances.

Il faut noter que l'exportation du coton du Togo, qui n'était que de quelques centaines de tonnes en 1914, a dépassé 1.000 tonnes en 1919. Les cours élevés de ce produit, pendant ces deux dernières années, ont encouragé les indigènes à augmenter leurs espaces cultivés.

Les travaux d'expérimentation à la station agricole de Nuatjä, interrompus pendant les années de guerre, ont été repris en 1921. La sélection du *Togo Sea Island* sera continuée et des superficies assez étendues enclavées dans le but de fournir de la graine de semence sélectionnée aux cultivateurs. Une exploitation de 250 hectares, avec tous les bâtiments nécessaires, permettra la production d'une forte quantité de coton.

L'achat d'un important matériel de culture mécanique, prévu pour 1922, va permettre de faire de la grande culture par les méthodes modernes. La motoculture semble être la seule solution pratique, pour une production économique, dans une région où la main-d'œuvre est rare et coûteuse et le bétail inutilisable.

Régions productrices de coton. — Le cercle d'Atakpamé fournit la plus grande partie du coton exporté. Les régions de Chra, Nuatjä, Sagada au Sud du cercle, Atakpamé au Centre et Kpessi au Nord, produisent des quantités notables.

Les cercles de Palimé, Lomé et Anécho fournissent aussi une certaine quantité de cette fibre, mais cette culture s'y est moins développée.

Dans les cercles du Nord de la Colonie, la culture est possible, mais ne s'y est pas développée à cause de l'éloignement du chemin de fer; le transport en automobile est trop onéreux. Il est certain que la culture s'étendra beaucoup vers le Nord quand la voie ferrée reliera Sokodé et Bassari à la côte.

Cette culture se fait sans irrigation dans tout le Togo, les chutes de pluies étant suffisantes pendant toute la végétation. La maturité, coïncidant avec la saison sèche, permet la récolte d'un produit de bonne qualité.

Espèces cultivées. — On trouve au Togo trois espèces de cotonniers cultivées :

Le *gossypium hirsutum;*
Le *gossypium barbadense;*
Le *gossypium neglectum*, sous-espèces du *gossypium herbaceum.*

Le *gossypium hirsutum* a des graines vêtues et se cultive en plantation annuelle. Il a de grosses capsules à quatre valves en général; six à huit graines par capsules, recouvertes d'un épais duvet de poils blanc jaunâtre. Les fibres sont homogènes, d'un beau blanc, et ont un aspect laineux. C'est un coton courte-soie; longueur moyenne des fibres : 20 millimètres. La proportion des fibres dans les capsules est d'environ 25 o/o.

On le trouve mélangé au *gossypium barbadense*, dans les plantations, avec lequel il a formé de nombreux hybrides. Les Allemands l'ont toujours écarté de la culture à cause de sa production qui est faible, sa fibre courte et en proportion trop faible.

Le *gossypium barbadense* a de grandes feuilles à lobes profonds, mais sans poils sur le limbe ni sur le pétiole. Les fleurs sont d'un beau jaune, avec une tache pourpre dans l'intérieur de la gorge des pétales. Les capsules grosses, à trois valves, renferment sept à huit graines par valve. Les graines sont lisses, d'un noir brillant.

La variété du *gossypium barbadense* acclimatée au Togo, et appelée par les Allemands : *Togo Sea Island*, donne un coton d'un beau blanc brillant, un peu rugueux et floconneux. Les fibres ne sont pas d'une homogénéité parfaite, mais atteignent 45 millimètres au sommet; elles n'ont pas plus de 22 à 25 millimètres à la base ; leur diamètre est de 24 à 26 millimètres, régulier. Peu de malformations et vrillage accentué. La proportion des fibres est de 32 à 34 o/o. Coton de très bonne qualité, à fibres un peu épaisses, mi-longues, mais d'une blancheur et d'une résistance remarquables.

Le *gossypium neglectum* donna aux premiers essais de très bons résultats. Le rendement moyen dépassa 600 kilos à l'hectare la première année. Mais cette espèce se montra très peu résistante aux maladies et dégénéra rapidement. Au bout de quelques années, le rendement, en culture indigène, n'atteignait par 50 kilos à l'hectare. Pour ces raisons sa culture fut abandonnée vers 1910.

Ce cotonnier est plus réduit que le *barbadense* dans toutes ses dimensions; les feuilles, petites, sont à trois lobes. Le coton est rugueux et a l'aspect laineux. Son développement est rapide; c'est une espèce précoce.

Ces différentes espèces ne se retrouvent pas complètement pures dans les plantations du Togo. Elles se sont modifiées plus ou moins, soit sous l'influence du milieu, soit à cause des hybridations.

Quoi qu'il en soit, il semble que le cotonnier à graines nues indépendantes, issu du *gossypium barbadense* et appelé *Togo Sea Island*, est le plus susceptible de donner les meilleurs résultats dans ces régions au double point de vue rendement et qualité de la fibre.

Floraison et récolte. — Le *Togo Sea Island* commence à donner des fleurs trois mois environ après le semis. La floraison est centrifuge et successive. On trouve sur le même pied des fleurs en formation, des fleurs épanouies et des capsules formées.

La maturation commence vers le cinquième ou sixième mois. Les plantes, dont la maturité totale se produit en un court laps de temps, sont à sélectionner pour la semence.

Pour une culture de juin, la floraison commence en septembre et la maturité en décembre.

La station agricole envisage dès à présent des mesures de défense dont les plus importantes sont : le traitement des semences avant le semis par trempage dans une solution de bichlorure de mercure au millième, l'enlèvement des feuilles atteintes au début de l'invasion, et l'amélioration des méthodes culturales.

Utilisation du coton par les indigènes. — Les indigènes utilisent le coton pour la confection de toiles grossières à leur usage. Les femmes filent la fibre au fuseau; le fil ainsi fabriqué sert à faire la toile. Il existe des tisserands dans tous les villages.

Le métier à tisser est bien rudimentaire; les montants sont faits avec des bois quelconques, pas même écorcés. La toile faite n'a pas plus de 0^m20 à 0^m30 de large en général. Les fils sont attachés aux deux bouts et la trame est faite avec une navette et bien serrée avec un peigne fin. On trouve des tisserands assez adroits. Un homme ne fait pas plus de 6 à 8 mètres de long sur 0^m15 à 0^m20 de large dans sa journée. Les toiles ainsi obtenues reviennent donc assez cher, et cette industrie tend à disparaître par suite de la concurrence des étoffes importées d'Europe.

L'exportation du coton est passée de 583 tonnes, en 1912, à 1.200 tonnes, en 1919.

6° LE RICIN

Le ricin (*ricinus communis*) trouve au Togo, comme d'ailleurs dans toutes les régions de l'Afrique occidentale, les conditions les plus favorables à son développement.

Cette euphorbiacée n'est pas très difficile quant à la qualité du sol, mais pour que la culture soit avantageuse, il vaut mieux lui donner des terrains fertiles et frais. Les sols marécageux sont à éviter.

La variété cultivée au Togo est un ricin à gros fruits et à

graines volumineuses. C'est une plante vivace qui a l'aspect d'un arbuste de 3 à 4 mètres de haut. Grandes feuilles palmées. Ces arbustes sont facilement déracinés par les tornades, ce qui est un inconvénient. Le fruit est formé de trois coques soudées contenant chacune une graine. Cette graine est de la grosseur d'un gros haricot; le tégument externe est orné de dessins de couleurs différentes.

L'amande, très développée, contient de 5o à 6o o/o d'huile.

La culture est très facile. On sème au début de la saison des pluies en terrain aussi bien ameublé que possible. La croissance est rapide. Les irrigations sont inutiles. Le ricin occupe le terrain une douzaine d'années, mais la plantation se renouvelle automatiquement par les graines tombées à terre qui donnent de nouveaux plants. On est forcé de supprimer beaucoup de ces jeunes plants pour éviter que la plantation soit trop serrée.

On fait en dessous des cultures intercalaires de maïs, coton ou manioc.

La récolte se fait en saison sèche à partir du mois de janvier. Les capsules mûres ont une écorce dure et cassante qui éclate facilement quand elle est sèche. La cueillette commence par les fruits de la base et est étagée pour éviter l'égrenage qui se produit quand les fruits sont trop mûrs.

Les capsules ramassées sont étendues en couches minces sur le sol; exposées au soleil, elles éclatent et le battage en est facilité.

Le rendement en graines obtenu au Togo est de 1.000 à 1.5oo kilos à l'hectare.

En 1917-1918 la production a été importante par suite des fortes demandes occasionnées par les besoins de la guerre.

Les étendues cultivées pourraient être augmentées dans de fortes proportions, et la production décuplée en quelques années, si les prix offerts par le Commerce étaient suffisamment rémunérateurs.

La graine est expédiée en Europe. On aurait peut-être intérêt à faire l'extraction de l'huile sur place. Cela pourrait se faire avec des capitaux relativement faibles, et le prix du transport serait diminué considérablement. Cette question d'industrialisation dans la Colonie mériterait d'être étudiée sérieusement.

7° LE TABAC

Le tabac est cultivé par les indigènes dans les régions du Nord du Togo mais en petite quantité et n'est utilisé que pour la consommation locale. La variété cultivée n'est, d'ailleurs, pas très productive et donne des petites feuilles impropres à l'exportation. De plus, l'indigène fait mal la culture et ne sait pas préparer la feuille. Il fume le tabac après séchage, sans fermentation. Les feuilles récoltées sont souvent vertes ou trop mûres et le séchage a lieu dans de mauvaises conditions. Ce tabac est assez pauvre en nicotine; la richesse en nicotine va de 0,94 o/o à 1,02 o/o du tabac sec.

Les feuilles sont préparées en boudins entourés de lianes, elles ont un goût herbacé désagréable. Ce tabac haché est fumé à la pipe.

Depuis l'occupation française, plusieurs essais de culture ont été faits au Togo avec des tabacs d'importation. En 1917 et 1918 l'Administration a fait distribuer de la graine de tabac de Sumatra dans tous les cercles.

Des petits champs d'essai ont été ainsi créés. De bons résultats furent obtenus, particulièrement à Zébé, tout près de la côte. Le Sumatra y donna de belles feuilles, fines et résistantes, qui furent jugées de très bonne qualité par la Commission interministérielle des tabacs coloniaux. On continua les essais pendant trois ans en se servant de la graine obtenue sur place. On n'a pas signalé de dégénérescence de la graine. En 1921, des essais ont été entrepris à la Station agricole de Nuatjä. La graine de Sumatra a été prise à Zébé; c'est donc sa troisième génération au Togo.

En terre peu fertile, sans engrais, et malgré une année exceptionnellement pluvieuse, le tabac de Sumatra a donné un rendement de 800 kilos à l'hectare. La feuille est fine et résistante, les nervures sont très minces et peu nombreuses. Elle atteint 50 centimètres de longueur. On pourra l'utiliser comme feuille de cape.

Il a été fait en même temps une petite plantation de Burley, qui a donné de très bons résultats. Les feuilles de Burley atteignent 50 à 60 centimètres de long. La production a été de 900 kilos à l'hectare. Ce tabac donnera un bon tabac de coupe.

En 1919 et 1920, une Société anonyme a fait aussi des essais de culture du tabac. Il est regrettable que, par suite de circonstances spéciales, ces essais aient été abandonnés. Plusieurs espèces américaines et le Mélita furent essayés dans le Nord du Togo et plusieurs semblaient devoir donner de bons résultats.

Le tabac trouve au Togo un climat favorable et la culture peut y procurer de bons bénéfices. Mais l'éducation des indigènes est à faire; il faut leur enseigner la culture et surtout la préparation des feuilles après la cueillette.

Il faut, pour cela, créer de petites plantations dans différentes régions avant de lancer la culture en grand. De grandes plantations, comme il en existe au Cameroun, ne peuvent être entreprises que dans les régions du Nord où la main-d'œuvre est abondante.

Une solution serait de faire cultiver le tabac par les indigènes, chez eux, et de créer des séchoirs et des hangars de fermentation à proximité des centres de production. Les manipulations seraient faites par des ouvriers exercés, dans ces centres on achèterait les feuilles non fermentées aux indigènes. On pourrait ainsi arriver à obtenir un bon produit, surtout pour des tabacs à couper.

La production des tabacs de cape demande la présence continuelle d'agents européens et est beaucoup plus délicate.

8° LA GOMME ARABIQUE AU TOGO

Le Togo n'exporte pas de gomme arabique, et pourtant cette production pourrait être relativement importante. Les nombreux acacias qui peuplent la brousse du centre du Togo produisent tous de la gomme. Cette gomme est plus ou moins bonne suivant l'acacia qui la produit. On trouve toutes les qualités, depuis la gomme blanche qui se dissout dans l'eau froide jusqu'à la gomme de couleur noire, très impure, et qui ne fond que dans l'eau chaude.

De nombreuses espèces d'acacias peuvent fournir de la gomme. Il suffit de faire des entailles sur le tronc pour la faire couler. On laisse sécher sur l'arbre avant de récolter.

La saison la plus favorable à la récolte est la fin de la saison des pluies; il faut récolter avant les feux de brousse. La période la meilleure est donc celle de décembre-janvier.

La gomme récoltée se présente en larmes arrondies, à aspect vitreux à l'intérieur, de couleur pâle ou plus ou moins rougeâtre. La gomme la plus blanche est la meilleure; elle se dissout complètement dans l'eau froide sans laisser de déchets.

Les nombreux acacias qu'on trouve dans le centre du Togo ne peuvent produire que de la gomme; leur bois n'est utilisable que pour le chauffage. On peut donc les inciser sans avoir peur de diminuer leur valeur. Les indigènes ne demanderaient pas mieux que d'exploiter un produit qui leur rapporterait un bon bénéfice sans leur donner beaucoup de travail.

9° LE CAFÉ

Il n'existe pas, à proprement parler, de véritables plantations de caféiers. Dans le cercle de Klouto, des essais de cette culture avaient été tentés sous la direction et l'impulsion de l'Administration allemande, et ce, dès les premières années de l'occupation de Misahohe, et les archives laissées par nos prédécesseurs germaniques permettent d'en trouver déjà trace en l'année 1895.

Des semences de cafés d'Arabie et du Centre-Amérique avaient, dès cette époque, et même avant, été envoyées d'Allemagne. Elles furent réparties dans la région montagneuse de Kouma, aux alentours du massif montagneux isolé d'Agou et, enfin, dans la plantation d'essais du poste même de Misahohe. Ces essais, soigneusement surveillés et contrôlés par les soins de l'Administration allemande, réussirent pleinement, et la culture du caféier fut intensifiée au moyen des semences recueillies sur place.

Encouragés par le succès des indigènes de Kouma, les habitants de la région du Dayi voulurent également tenter cette culture; mais ces essais faits sans contrôle et loin des conseils de l'Administration demeurèrent timides. Le fait est regrettable, car il semble, à en juger par les quelques pieds que nous avons pu rencontrer au cours de nos tournées dans cette région, que la totalité de ce massif montagneux soit également propice à cette culture.

En résumé, il est incontestable qu'il y a là, sur toute cette partie du massif de l'Agomé, une vaste région dans laquelle la culture du caféier pourrait être tentée avec quasi-certitude de succès.

Malheureusement, depuis 1914, cette culture a été complètement négligée, et, sans surveillance depuis le départ des Allemands, l'indigène a laissé la brousse envahir et étouffer les caféiers. Plus de moitié des pieds existants ont ainsi disparu et n'ont pas été remplacés.

La production s'en est, tout naturellement, trouvée fortement diminuée, et, alors qu'en 1912 et 1913, d'après les renseignements des gens mêmes de Kouma, la récolte se chiffrait par une centaine de sacs, elle a, à peine, atteint, cette année, la moitié de ce chiffre.

Depuis l'installation de l'Administration française, des efforts ont été tentés en vue de remédier à cette regrettable situation, et il n'est pas douteux que les résultats ne tarderont pas à s'en faire sentir.

10° LES ARACHIDES

La culture des arachides, moins répandue que dans les Colonies du Nord de l'Afrique occidentale française, est cependant estimée des indigènes et pratiquée couramment par eux, surtout dans les régions de Tséwié et de Sokodé.

La production est englobée par la consommation directe du pays.

11° LE KAPOK

Les Allemands s'étaient beaucoup préoccupés de ces fibres végétales. Ils avaient constitué à ce sujet un dossier fort important qui s'est malheureusement égaré au cours des incidents de la conquête, et qu'il a été impossible de retrouver malgré nos recherches. De tous les fromagers qui croissent spontanément dans ce pays et qu'ils appelaient improprement du nom kapok, ils accordaient un intérêt particulier au fromager à soies blanches dont ils ont d'ailleurs propagé l'espèce par la création de grandes kapokières. Le nom de kapok sert également à désigner les espèces à fibres grises très abondantes dans cette région et dont les fibres ont fait l'objet d'un commerce très actif ces dernières années. Des diverses espèces connues ici, les plus intéressantes sont les fromagers à fibres blanches à cause de leur valeur marchande élevée. Au point de vue botanique, cette espèce serait le *Ceiba Pintendra* des Allemands.

Les fromagers ne sont pas des arbres de brousse, on ne les rencontre guère qu'aux environs des villages dont ils annoncent de loin la présence. S'il s'en trouve parfois perdus dans les plaines herbeuses, l'on peut être assuré qu'à leurs pieds il existait jadis des espaces cultivés.

Les Allemands ont créé d'importantes cultures de l'espèce à fibre blanche; la superficie qu'elles occupent peut être évaluée à au moins trente hectares répartis en cinq champs dans des situations fort diverses. Ainsi que nous l'avons vu plus haut, les semences qui ont été utilisées pour la création de ces cultures proviennent de Kété-Kratchi où se trouveraient les pieds mères.

Les cultures de kapokier avoisinant le poste ont été établies par semis directs; trois graines mises en terre au début de la saison des pluies sur une butte de terre très aplatie donnent, vingt jours après le semis, trois plantules dont on ne conserve que le plus vigoureux. L'éclaircissage ne se fait qu'au début de la saison sèche. Une autre méthode donne de bons résultats, elle est utilisée très avantageusement à la station de Bassari. On laisse se développer tous les plants sur la même butte et au retour de l'hivernage suivant on procède à l'arrachage des pieds supplémentaires. L'on obtient ainsi des plants-boutures qui permettent l'extension de la plantation avec le minimum de déchets. Avec un hectare, il est possible d'en faire trois et tous les plants auront le même âge. Cette pratique est rendue possible par l'extrême facilité avec laquelle le fromager se laisse bouturer.

Les fromagers portent des noms très divers, dans le pays Cotocoli, ces Eriodendrons s'appellent *Komou*; ils portent le nom de *Bobounbo* chez les Bassaris. Les indigènes du Kaburé le désignent du nom de *Koman*. C'est le *Limi* des Haoussas et le *Bantamé* des Djougous.

L'espacement est de 10 mètres sur 10 mètres, la compacité est de 100 plants à l'hectare. La disposition en quinconce est parfois utilisée, les lignes sont alors séparées par une distance de cinq mètres.

Les façons culturales sont d'une extrême simplicité; elles consistent à maintenir le sol propre pendant les deux premières années; quand les plants ont atteint une certaine hauteur, le sol est utilisé pour des cultures intercalaires (mil, ignames) qui maintiennent le sol en bon état de propreté.

Quand arrive la saison des feux de brousse, ces cultures sont mises à l'abri des flammes par un débroussement de vingt à trente mètres qui les protège très efficacement.

La croissance du kapokier est très rapide. A quatre ans il porte de nombreux fruits. Les sujets les plus vigoureux atteignent de 6 à 8 mètres avec un tour de tronc moyen de 45 centimètres environ mesuré à 1 mètre au-dessus du niveau du sol.

La haute stature des fromagers est un sérieux obstacle pour la récolte; aussi est-il nécessaire d'envisager l'étêtage des plants quand ceux-ci auront atteint une hauteur de 12 à 15 mètres.

Il faut noter en passant une certaine particularité relative à la croissance de ces végétaux. Issus tous des mêmes semences certaines plantes ont leur tronc complètement hérissé d'épines alors que d'autres en sont totalement dépourvues.

Les plantations sont établies pour la plupart en sol siliceux à éléments très fins, peu humifère, mais en sol profond. C'est cette station qui lui convient le mieux; d'autres plantations créées en sol latéritique (terre de barre pure, pierrailles latéritiques ou mélange de ces deux éléments) viennent moins bien; parfois la végétation est même nulle. En général la croissance y est très pénible.

Le terrain qui convient le mieux au kapokier est un sol siliceux à éléments fins, profond, frais et humifère si possible. Des sols qui proviennent de la décomposition des roches friables ne se rencontrent que dans les régions plates et dans les bas-fonds, ainsi qu'au voisinage des ruisseaux. Le sable siliceux se déposant dans les inégalités des sous-sols forme de-ci de-là des emplacements ou poches à sol profond où la végétation est très satisfaisante.

Les fleurs apparaissent fin décembre; écloses le matin, elles tombent avec le jour. La durée de la floraison est assez longue, elle s'échelonne du 15 janvier à fin février environ. Dans les plantations de la station, elle s'est établie d'une façon très irrégulière; certains arbres portent des fruits, alors que d'autres épanouissent à peine la première fleur.

On ne peut rien préciser au sujet de la chute des feuilles et de la feuillaison; à une même époque, certains arbres sont tout à fait dénudés alors que d'autres se recouvrent de jeunes pousses. D'une façon générale, l'on peut dire que le fromager se dépouille peu avant la floraison et se couvre de feuilles après la formation des premiers fruits.

La maturation des capsules du fromager commencent fin février, début mars. Les indigènes, surtout ceux du Kaburé où le fromager abonde, apportaient leur récolte à Sokodé; l'Administration allemande leur payait les fibres grises égrenées o mark 10 le kilo et les blanches o mark 20.

La culture de *Ceiba Pintendra* de la station de Sokodé présente trois formes de fruits : la forme allongée ou longue, la forme renflée et petite et une forme intermédiaire que nous avons appelée forme moyenne. L'observation générale de toute la plantation nous permet d'assurer dans une certaine mesure que chacune de ces formes ne correspond pas à une variété bien déterminée, ainsi l'on rencontre fréquemment la forme moyenne sur des kapokiers portant en majeure partie des fruits moyens et allongés :

1° La forme renflée et petite, à section transversale circulaire et à section longitudinale en forme d'ellipse pointue à ses extrémités. Le sillon des carpelles sont à peine visibles à l'extrémité du fruit. Le péricarpe du fruit stride près du point d'insertion du pédoncule;

2° Forme moyenne. — La partie renflée du fruit a la forme d'un prisme à section pentagonale s'atténuant rapidement à chaque extrémité. Le fruit est ridé et les sillons carpellaires peu visibles;

3° Forme allongée. — La partie moyenne du fruit est un cylindre qui est terminé à sa partie libre par un muqueron formé par les tissus du péricarpe.

Pour toutes ces formes, le fruit est indehiscent à la maturation, c'est à peine si l'extrémité s'entr'ouvre sur une longueur de 2 à 4 centimètres.

De ces trois formes, c'est la dernière qui est la moins riche en fibres.

Les indigènes n'utilisent pas les fibres de l'écorce du fromager, il en est de même du bois qui n'a aucune utilisation. Cependant les cendres provenant de la calcination du bois trouvent leur emploi dans la teinturerie indigène pour l'obtention de la couleur noire. Les feuilles fraîches écloses et les graines servent à la confection d'un certain nombre de plats indigènes. Chez les Konkombas et Dagombas les natifs extraient, des semences mûres du fromager, une huile qui serait comestible.

12° CULTURES VIVRIÈRES

Les produits principaux, en particulier dans la zone méridionale, sont le maïs et le manioc dont les cultures couvrent sans interruption des espaces de plusieurs millions d'hectares. Le manioc ne fait guère l'objet que de transactions entre indigènes et son mouvement échappe aux statistiques. En 1918, les quantités de maïs exportées atteignirent 30.000 tonnes.

Le manioc séché et pilé, ou sous forme de « gari » est expédié vers le Dahomey et la Basse-Volta et alimente une grosse partie des transactions sur les marchés locaux.

Les habitants de Porto-Seguro (ligne de Lomé-Anécho) préparent un tapioca de tout premier ordre, dont la fabrication n'attend que des débouchés pour s'étendre.

On peut trouver au Togo à peu près toutes les espèces de fruits tropicaux : ananas, mangues, bananes, papayes, oranges vertes, citrons, etc.; ces fruits suffisent très largement aux besoins du pays, mais ne permettent pas l'exportation, sauf dans les Colonies voisines.

Les légumes ne sont guère cultivés que dans la région de Nuatjä où le sol est particulièrement riche. La plupart des légumes d'Europe ont pu s'acclimater au Togo et de très beaux échantillons ont été obtenus.

Le domaine de Nuatjä, qui possède de grandes étendues, pourrait très bien servir à des essais de motoculture. Mais il faudrait que le matériel nécessaire soit arrivé à temps pour exécuter les travaux de préparation du sol en temps voulu. Un petit tracteur pouvant marcher à l'essence et au pétrole et ne consommant pas trop suffirait pour commencer. Nous en avons proposé un dans notre rapport du 19 juin 1921. (Proposition d'achat d'un tracteur.)

13° PLANTATIONS FORESTIÈRES

Les principales essences de bois cultivées et développées au Togo sont les suivantes :

Le teck (*Tectoria grandis*) d'importation étrangère ;
Le rocco (*Chlorophora excelsa*) ;
Le cailcédrat (*Khaya Senegalensis*) ;
Le *treculia africana* (*Erythropleum guineensis*).

D'une façon générale, le développement de ces essences doit réussir, mais un espacement trop resserré (2 × 3 m.) a porté préjudice au développement des sujets ; l'éclaircissement de basses branches n'a pas été fait non plus notamment pour les cailcédrats qui doivent être éclaircis à partir de l'âge de cinq ans.

C'est le teck qui, incontestablement, a le mieux réussi ; des essais ont été faits dans les quatre centres de Bassari, Sokodé, Atakpamé et Anécho; au cours d'un voyage d'études au Togo, en 1917, il a été procédé à des mensurations et des comparaisons rendues explicites par le tableau suivant :

ANNÉE de PLANTA-TION	BASSARI			SOKODE			ATAKPAME			ANECHO		
	Espac¹	Haut.	Tour	Espac¹	Haut.	Tour	Espac¹	Haut.	Tour	Espac¹	Haut.	Tour
	Mètres	Mètres	Cent.	Mètres	Mètres	Cent.	Mètres	Mètres	Cent.	Mètres	Mètres	Cent.
1904	»	»	»	5×5	10 8	72 3	5×2.5	14 3	10 84	»	»	»
1905	»	»	»	3×2	9 7	46 4	»	»	»	»	»	»
1906	3×2	7 3	35 3	»	9 4	40 8	3×2	9 5	35 6	3×2	11 2	52 5
1907	3×2	6 9	35 7	»	8 4	37 8	2×2	14 5	42 3	»	»	»
1908	»	»	»	»	8 3	36 1	»	»	»	3×3	9 9	46 1
1909	3×2	6 9	34 0	»	»	»	2×2	9 4	39 4	3×15	9 5	46 1
	»	»	»	»	»	»	»	»	»	4×1	10 0	47 1
1911	3×2	5 10	20 1	»	»	»	2×2	8 0	30 7	»	»	»

De ces observations, il faut conclure que le teck, étranger au Togo et importé seulement en 1901, s'y est bien acclimaté, dans les diverses régions du Togo différentes aussi bien pour le climat que pour le sol.

D'autre part, on peut remarquer que le développement est plus rapide dans le Sud que dans le Nord, mais, par contre, le bois obtenu est de meilleure qualité dans le Nord que dans le Sud;

c'est, en effet, dans la plantation de Bassari que les plus beaux échantillons de teck ont été trouvés.

Dans l'avenir, il faudra veiller au développement de ces plantations, choisir un sol suffisamment riche et humide, et un espacement judicieux variant suivant l'âge, de 2^m50 à 10 mètres.

Il existait, du temps de la domination allemande, deux principales plantations d'arbres à essence :

1° La plantation de Haho-Baloe, des terrains appartenant au Gouvernement, dont la superficie totale est de 20.000 hectares dont 893 hect. 900 en culture; elle est plantée en majeure partie de tecks, de sasswood et d'acajou;

2° La plantation de Ho-Kamaa, dans le cercle de Sokodé, d'une superficie totale de 30.000 hectares dont 105 cultivés ; cette plantation fut d'ailleurs abandonnée en 1910.

Les cultures des principales essences forestières sont réparties ainsi qu'il suit :

ESPÈCES	SUPERFICIE EN HECTARES	NOMBRE D'ARBRES
1° Teck..	351 30	1.022.014
2° Sasswood *Erythrophleum Guineense.*	234 77	2.072.877
3° Acajou africain *Khaya sénégalensis*	807 60	9.089.184
4° Acajou *Khaya Klanii*	33 75	236.830
5° Acajou Rhodésien *Afzelia Africana*	75 71	603.654
6° Iroko *Chlorophore Excelsa*	49 21	137.951
7° Ebène..	7 31	4.735
8° Palmier à huile	100 44	57.545
9° Kapokier	45 20	77.401
10° Caoutchouc *Funtumia Elastica*..	19 13	26.611
11° Caoutchouc *Ficus Elastica*..	17 51	18.666
12° Caoutchouc *Manihot Glaziovii*..	414 80	

Le caoutchouc est assez répandu dans la zone centrale : plus de 120 hectares sont plantés en caoutchouc dans la plantation d'Agu.

Le manihot donne un rendement de 160 grammes par arbre; d'une façon générale, la production est faible ; l'exportation annuelle est d'environ 10 à 12 tonnes.

Il est à remarquer que la culture du caoutchouc, très délicate (notamment pour l'espèce *Hevea*), est peu appropriée pour l'indigène qui épuise les arbres par des saignées prématurées, trop fréquemment répétées et mal faites (incisions mal disposées et trop profondes).

§ 4. — Elevage

L'élevage du bétail se fait surtout dans les cercles du Nord mieux appropriés par leur climat et leur sol au développement des troupeaux.

Le nombre de bêtes à cornes est estimé à 15.000 têtes dans le cercle de Sokodé (concentrées surtout dans les régions du Te-chaoudjo et du Tschamba) et à 50.000 têtes dans le cercle de Sansané-Mango.

Le cheval ne se rencontre également que dans le Nord où il peut vivre dans de bonnes conditions; l'espèce, de petite taille, est particulièrement résistante.

Les porcs pullulent dans les diverses régions du Togo (c'est la viande la moins coûteuse et les indigènes s'en nourrissent couramment).

Les moutons et chèvres, les poulets, canards et même les dindons et pintades abondent aussi sur le marché et fournissent une viande très estimée des indigènes.

L'exportation de tout ce bétail commence à reprendre.

§ 5. — Chasse. — Pêche

Les chasseurs indigènes, qui habitent dans la brousse, armés soit de fusils à pierre, soit plus fréquemment d'arc et de flèches, recherchent les panthères et chats sauvages et plus couramment les antilopes, les biches et autres petits animaux.

La meilleure chasse se fait au milieu de la saison sèche, en janvier, quand la brousse a été brûlée, ce qui permet de voir le gibier, caché, le reste de l'année, dans les hautes herbes.

Les indigènes se servent également des pièges d'importation européenne ou plus souvent de leur fabrication, ou bien creusent des fosses sur les pistes.

La pêche en mer et sur la lagune se fait au moyen de filets genre « seine » à l'aide de pirogues. La pêche à l'épervier est également en très grande faveur.

LISTE DES PRINCIPALES ENTREPRISES AU TOGO

ENTREPRISES SIÈGE SOCIAL — CAPITAL	CENTRE DES OPÉRATIONS	NATURE DES OPÉRATIONS
AFRICAN ASSOCIATION (African and Eastern Trade Corporation Ltd., Royal Liver Building, Livepool)	Lomé.	Importation. Exportation.
J. B. CARBOU, Atakpamé.	ATAKPAMÉ. ANECHO.	Usine d'égrenage de coton. Importation. Exportation.
COMPAGNIE AFRICAINE DE COMMERCE (Anciens Établissements A. LECOMTE), 12, rue Caumartin, Paris. Capital : 15 millions de francs. . . . . Consignataires de la SOCIÉTÉ NAVALE DE L'OUEST, 8, rue Auber, Paris.	Lomé.	Importation. Exportation. Embarquement. Débarquement.
COMPAGNIE FRANÇAISE DE L'AFRIQUE OCCIDENTALE, 32, cours Pierre-Puget, Marseille. Capital : 15 millions de francs . .	Lomé.'	Importation. Exportation.
COMPAGNIE FRANÇAISE DU COTON COLONIAL, 5 et 7, rue des Italiens, Paris. Capital : 4 millions de francs.	Lomé.	Importation. Exportation.
COMPTOIR OCCIDENTAL AFRICAIN REYMOND, 16, rue Contrescarpe, Bordeaux.	Lomé.	Importation. Exportation.
CROMBIE, STEEDMAN ET Cᵒ, Ltd., Imperial House, Kingsway, Londres, W. C . . .	Lomé.	Importation. Exportation.
ELDER, DEMPSTER ET Cᵒ Ltd., Colonial House, Liverpool	Lomé.	Affrètements.
JOHN HOLT ET Cᵒ Ltd., Royal Liver Building, Liverpool. . . . . Consignataires : COMPAGNIE HOLLANDAISE DE NAVIGATION, à Amsterdam.	Lomé.	Importation. Exportation. Embarquement. Débarquement.
A. LECOMTE	Kpémé.	Plantation cocotiers. Usine à sisal.
MILLERS Ltd., West Africa House, Kingsway, Londres, W. C.	Lomé.	Importation. Exportation.
G. B. OLLIVANT ET Cᵒ Ltd., 3, Albert Street, Manchester	Lomé.	Importation. Exportation.
OUTREMER FRANÇAIS, 12, rue Boissy-d'Anglas, Paris. Capital 6 millions	Lomé.	Importation. Exportation.

LISTE DES PRINCIPALES ENTREPRISES AU TOGO (*Suite*)

ENTREPRISES SIÈGE SOCIAL — CAPITAL	CENTRE DES OPÉRATIONS	NATURE DES OPÉRATIONS
H. B. W. RUSSELL Ltd., 57, Dale Street, Liverpool . . . . Consignataires de la BULL WEST AFRICAN LINE, 17, Battery Place, New-York . . .	LOMÉ. LOMÉ.	Importation. Exportation Embarquement. Débarquement.
SHUTTLEWORTH & GREEN, Alabastre Building, Lome	LOMÉ.	Importation. Exportation.
SOCIÉTÉ COMMERCIALE DE L'OUEST AFRICAIN, 69, rue de Miromesnil, Paris. Capital : 18 millions de francs. . . . . . Consignataires de la Cⁱᵉ DES CHARGEURS RÉUNIS, 1, Boulevard Malesherbes, Paris.	LOMÉ.. LOMÉ.	Importation. Exportation. Passagers. Marchandises.
SOCIÉTÉ COMMERCIALE ET INDUSTRIELLE DE LA COTE D'AFRIQUE (C.I.C.A.), 3, rue de la République, Marseille. Capital : 7 millions de francs.	LOMÉ.	Importation. Exportation.
SOCIÉTÉ FRANÇAISE DU TOGO, 12, rue du Louvre, Paris. Capital : 675.000 francs.	AGOU-TOGO.	Plantations, usines, palmiers à huile, caoutchouc, sisal, cacao.
F. & A. SWANZY Ltd., Est Africa House, Kingsway, Londres, W.C.2.	ATAKPAMÉ. LOMÉ.	Usine (Coton). Importation. Exportation.
John WALKDEN ET Cᵒ Ltd., 30, Princess Street, Manchester.	LOMÉ.	Importation. Exportation.

CHAPITRE VII

REGIME DOUANIER — IMPOTS — TAXES DIVERSES.

§ 1er. — Régime douanier

Le tarif des Douanes du Togo, institué le 31 mars 1915 par une décision du Commandant militaire du Togo, a été rendu applicable à toute l'étendue des territoires placés sous le mandat français par un arrêté du Commissaire de la République en date du 23 novembre 1920, maintenant également la liste des objets exempts des droits d'importation.

Une taxe fixe à l'exportation des oléagineux a été instaurée au Togo à compter du 1er janvier 1921 par un arrêté du 23 novembre 1920.

Les tableaux suivants (pages 98 et 99 donnent le détail de ces droits et exemptions.

Il existe deux Bureaux des Douanes, l'un à Lomé, dirigé par deux Européens, l'autre à Anécho; de plus, trois postes ont été créés sur la frontière Ouest pour réglementer la circulation des marchandises, ils sont situés à Kwadjovikovhé sur la route côtière, à Noepé et à Zolo.

§ 2. — Tarif des patentes

Les patentes et licences, devant être payées par les maisons de commerce et autres établissements, ont été réglementées par deux arrêtés du Commissaire de la République en date du 27 décembre 1919 et du 23 novembre 1920, elles sont détaillées sur le tarif suivant (page 100).

TARIF

NOMENCLATURE	IMPORTATION PAR MER	IMPORTATION PAR TERRE
	Francs	Francs
Tout spiritueux et alcool, à l'exception des vins ordinaires, vins mousseux et bières :		
A) Spiritueux et alcool non sucrés et ne contenant aucune substance empêchant la mesure à l'alcoomètre du degré alcoolique :		
a) Quand le degré alcoolique = 50°....	1 55 par lit.	»
b) Au delà de 50°, par degré en plus . . .	0 026 —	»
c) Au-dessous de 50°, par degré en moins	0 026 —	»
B) Spiritueux et alcools sucrés ou contenant une substance empêchant la mesure à l'alcoomètre du degré alcoolique.	1 50 par lit.	»
Vins ou boissons similaires contenant du vin :		
a) Ne titrant pas plus de 15° d'alcool. . .	10 % *ad valorem*.	»
b) Titrant de 15° à 25° d'alcool	0 75 par lit	»
c) Titrant plus de 25° d'alcool...	1 50 —	»
Tabac non manufacturé.	1 25 par kilo.	0 63 le 1/2 kilo.
Sel	0 026 —	1 25 p. 50 —
Sucre	0 076 —	6 25 p. 100 —
Pétrole et huile à brûler	0 075 par lit.	0 07 par lit.
Armes à feu } Poudre }	Importation privée interdite jusqu'à nouvel ordre.	
Poissons d'origine africaine, secs, fumés, salés, bouillis ou frits	0 078 par kilo.	6 25 p. 100 kilo.
Tous les autres articles, excepté ceux qui sont exemptés de droit.	10 % *ad valorem*.	10 % *ad valorem*.

La valeur imposable est celle de la marchandise à Lomé, comprenant les frais d'emballage, frêt et assurance, frais de débarquement en y ajoutant une augmentation de 50 % sur la valeur de la marchandise au port d'embarquement.

DROITS D'EXPORTATION

Amandes de palme. . .	par tonne	28 fr.	Bœufs, vaches, taureaux.	par tonne	7 50
Huile de palme. . . .	—	40 fr.	Veaux.	—	3 75
Coprah	—	34 fr.	Chèvre, mouton ou porc.	—	2 50
Coton.	—	21 fr.	Porcelets, agneaux, che-		
Sisal.	—	21 fr.	vreaux	—	1 25
Maïs, farine de manioc.	—	7 fr.	Volaille	—	0 30

II. — LISTE DES OBJETS EXEMPTS DE DROITS D'IMPORTATION·

1. Tous les objets importés par le Gouvernement même.

2. Tous les objets destinés au Service de la Marine et au Service des Postes.

3. Tous les objets importés par les missions, sociétés religieuses, institutions sanitaires qui sont immédiatement destinés à servir à l'exercice du culte, à l'enseignement, au traitement des malades.

4. Les machines, outils destinés à la construction ou à l'entretien et à l'exploitation des chemins de fer ou autres sociétés de transports.

5. Les bagages à main usuels et les divers effets ou parures usuels personnels dont les voyageurs sont revêtus.

6. Vêtements, linge de corps et les menues provisions, ces dernières ne devant pas dépasser une valeur de 5 francs et que le voyageur a avec lui pour son voyage personnel.

7. Vêtements et linge usagés non destinés au commerce.

8. Engrais chimiques.

9. Articles d'emballage tels que caissses vides et tonneaux, même démontés, bouteilles vides, sacs, sacs de toile, toile goudronnée et feuillard.

10. Animaux vivants de toutes sortes, ainsi que viande et poissons frais.

11. Semences et plantes vivantes.

12. Machines agricoles et pièces de rechange. Appareils agricoles, y compris le matériel nécessaire à l'élevage.

13. Machines et pièces de rechange pour l'exploitation minière et le forage des puits.

14. Matériel de chemin de fer de campagne, voitures et bateaux de transport.

15. Charbon, coke et briquettes, ainsi que le charbon de bois.

16. Instruments de physique, d'astronomie, de chimie, d'optique et autres semblables destinés à des opérations scientifiques. Ainsi que certains objets provenant des laboratoires et envoyés dans un but scientifique à des médecins ou à d'autres personnes, en particulier récipients pour collections et préparations fluides.

17. Instruments de médecine, appareils, bandes, médicaments, ces derniers autant qu'ils figureront à la nomenclature officielle.

18. Livres, imprimés, cartes de géographie.

19. La glace.

20. Eau minérale, naturelle, artificielle.

21. Filtre.

22. Tous les objets d'habillement à l'usage personnel des employés ou officiers du Gouvernement, du Service des Postes, des sœurs et des gardes-malades des hôpitaux.

23. Cercueils, monuments funèbres.

24. Echantillons sur cartes ou en coupures, mais ne pouvant être utilisés que dans ce but.

25. Monnaies et billets de banque de toute valeur.

(Les thalers Marie-Thérèse ne sont pas à comprendre dans la monnaie visée au paragraphe 25, mais sont passibles des droits de douane prévus au paragraphe 9 du Tarif.)

26. Ivoire, caoutchouc, amande de palme, huile de palme, kola, maïs et autres produits agricoles d'origine africaine, même moulue.

TABLEAU ANNEXÉ A L'ARRÊTÉ DU 23 NOVEMBRE 1920

TABLEAU A. — COMMERCE

Maison faisant directement l'importation et l'exportation.	Comptoir principal ou unique.	Patentes de 1re cl.	1.000 »
	Comptoir secondaire situé dans la zone côtière (1) servant directement à l'exportation.	Patentes de 2e cl.	500 »
	Comptoir secondaire dans tous les autres cas.	—	125 »
Maisons ne faisant que l'importation et l'exportation.	Comptoir principal.	Patentes de 3e cl.	500 »
	Comptoir secondaire.	Patentes de 3e cl.	125 »
Maisons s'occupant de colportage.		Patentes de 4e cl.	125 »
Petits détaillants, acheteurs de produits, revendeurs et revendeuses.		Patentes de 5e cl.	37 50

TABLEAU B. — PATENTES INDUSTRIELLES

Ateliers, usines et manufactures occupant plus de 20 ouvriers ou employés.	Patentes de 1re cl.	600 »
De 10 à 20 ouvriers.	Patentes de 2e cl.	400 »

TABLEAU C. — DÉBITS DE BOISSONS

Etablissement vendant des boissons à emporter ou débiter sur le comptoir.	Patente de 1re cl.	125 »
Petits débitants vendant seulement des boissons sur le comptoir.	Patente de 2e cl.	37 50

TABLEAU D. — LICENCES

Licence n° 1. — Importation des spiritueux, boissons alcooliques ou fermentés.	500 »
Licences n° 2. — Vente au détail des mêmes boissons.	187 50

§ 3. — Impôt personnel

1° IMPOT PERSONNEL SUR LES CITOYENS FRANÇAIS

Tous les habitants possédant la qualité de citoyens français, ou jouissant dans leur pays d'origine d'un statut analogue à celui

---

(1) Région côtière comprend tout le territoire situé jusqu'à 10 kilomètres de à côte. — Le village d'Agbanakin, à l'intersection de la lagune et du Mono, est compris dans la région côtière.

des citoyens français, sont soumis au paiement d'une contribution annuelle de 25 francs.

2° IMPOT DE CAPITATION SUR LA POPULATION FLOTTANTE

Les indigènes constituant la population flottante (individus venant d'un autre cercle, d'une autre Colonie ou de l'étranger et non définitivement installés) sont soumis au paiement d'une contribution annuelle de 15 francs pour les cercles de Lomé, Anécho, Atakpamé et de Klouto, et de 8 francs pour les cercles de Sokodé et de Sansané-Mango.

§ 4. — Taxes diverses

Les principales taxes supportées par la population sont les suivantes :

a) La taxe sur les armes à feu non perfectionnées s'élevant à 5 francs par année;

b) La taxe d'occupation des caravansérails;

c) Les taxes de circulation pour les indigènes passant la frontière du Togo et pénétrant dans les cercles de Sansané-Mango, Sokodé, Atakpamé et Klouto; les indigènes ont à payer cette taxe pour eux-mêmes et pour ce qu'ils transportent et emmènent (charges et animaux); cette taxe est fixée ainsi qu'il suit :

1° Pour une personne sans charge......................	1 25
2° Pour une personne avec charge (sans tenir compte du poids ni du contenu).............................	3 75
3° Pour un animal porteur avec charge (sans tenir compte du poids ni du contenu).........................	7 50
4° Pour un cheval, mulet ou âne sans charge..........	2 50
5° Pour une bête à cornes...........................	7 50
6° Pour un veau....................................	3 75
7° Pour un mouton, une chèvre ou un cochon..........	2 50
8° Pour un agneau, un cabri, un petit porc...........	1 25

d) Taxes sur les motocyclettes et automobiles ;

Ces taxes sont fixées ainsi qu'il suit :

Motocyclettes	50	»
Camions automobiles de 400 kilos....................	100	»
Camions automobiles de 1.000 kilos.................	150	»
Automobiles de tourisme............................	200	»

e) Taxe pour les émigrants s'élevant à 12 fr. 50 par personne

f) Taxe sur les chiens. Il est perçu une taxe annuelle de

25 francs par chien dans les cercles de Lomé, Anécho, Atakpamé, Palimé.

g) Taxes d'abattoirs fixées comme il suit :

Bœufs et vaches... 3 75
Veaux 1 25
Porcs ....o 75 à 1 25
Chèvres et moutons... o 75
Cabris .... o 50

h) Taxes sur les coupes de bois. Ces taxes sont fixées ainsi qu'il suit :

Acajou, rocco, ébénier...................................... 25 »
Caïlcédrat, rônier, fromager................................ 5 »
Autres bois d'œuvre et arbres fruitiers..................... 4 »

i) Droits de fourrière, de nourriture et de gardiennage pour les animaux errants trouvés dans les cercles d'Atakpamé, Anécho, Lomé et Klouto. Ces droits sont fixés de la manière suivante :

NOMENCLATURE	DROITS DE FOURRIÈRE	DROITS DE NOURRITURE et DE GARDIENNAGE
	(par jour et par animal)	
Bœufs, chevaux, ânes ou mulets	2.50	1.25
Chiens, moutons, chèvres et porcs.	1.25	0.60

j) Droits de place sur le marché de Lomé, astreignant les indigènes à payer une taxe quotidienne de o fr. 10 au marché non couvert et de o fr. 20 sur les étalles du marché couvert.

CHAPITRE VIII

REGIME DOMANIAL

Un décret en date du 11 août 1920 a rendu applicable au Togo le régime domanial tel qu'il est institué en Afrique occidentale française.

Cependant quelques modifications ont été faites afin de rendre ce régime compatible avec l'ancien régime des propriétés allemandes, dont la réglementation et l'organisation générale étaient déjà avancées. (Opérations de cadastre achevées pour Lomé, Palimé et à moitié faites pour Anécho et Atakpamé.)

Les terres vacantes et sans propriétaires sont la propriété de l'Etat.

Les terres formant propriété collective (par exemple biens de familles ou de villages) ne peuvent être vendues par les représentants de cette collectivité qu'après l'approbation du Commissaire de la République.

Les concessions dont la superficie dépasse 1.000 hectares ne peuvent être accordées que par un décret rendu sur rapport du Ministre des Colonies, après proposition du Commissaire de la République et après avis de la Commission des Concessions coloniales.

TABLE DES GRAVURES

Imp. Dubois et Bauer, 34, rue Laffitte, Paris.